La Curación del Espíritu, Alma y Cuerpo
por Betty Miller

Primera Edición Publicada 1980
Segunda Impresión 1982
Tercera Impresión 1983
Cuarta Impresión 1984
Quinta Impresión 1987
Sexta Impresión 1988
Séptima Impresión 1989
Octava Impresión 1994
Novena Impresión 2001
Décima Impresión 2003 Impresa a Pedido

La Curación del Espíritu, Alma y Cuerpo

Derechos de Autor © 1980-2014

ISBN 978-1-57149-035-3

CHRIST UNLIMITED MINISTRIES, INC.
Pastor R.S. "Bud" Miller – Publicador
P.O. Box 850
Dewey, Arizona 86327
Todos los Derechos Reservados. Impreso en EE.UU.

Las citas bíblicas son tomadas de la versión Reina Valera a menos que se indique lo contrario.

Tabla de Materias

Prefacio _____ *vii*
Prólogo _____ *ix*
Créditos y Reconocimientos _____ *x*
Introducción _____ *xi*
La Curación del Espíritu, Alma y Cuerpo _____ *1*
Sanidad por la Palabra _____ 1
Trinidad de Dios y del hombre _____ 1
El hombre espiritual _____ 2
Los dos mundos de la esfera espiritual _____ 4
El hombre anímico _____ 5
El hombre físico _____ 7
Los sentimientos _____ 8
La mente carnal _____ 8
Santificación de la mente _____ 9
Trabajando por nuestra salvación _____ 11
Siembra y cosecha _____ 13
Conquista de las emociones negativas _____ 14
El poder transformador de Dios _____ 17
El papel de la conciencia _____ 21
La enfermedad relacionada con el pecado _____ 22
La naturaleza del pecado _____ 25
La salvación del pecado y la enfermedad _____ 26
La sangre de Jesús _____ 29
La sangre de Jesús nos limpia _____ 30
La vida está en la sangre _____ 31
El pecado demanda derramamiento de sangre _____ 32
La sangre de Jesús de salud y fortaleza _____ 33
Alimentados a través de la sangre _____ 36
Protección a través de la sangre _____ 37
Pacto de sangre para el hogar _____ 38
Derrotando a Satanás a través de la sangre _____ 40
"Morir a sí mismo" _____ 41
Apéndice _____ *43*
"Espíritu, Alma y Cuerpo" _____ **43**
Nota Posterior _____ *44*
Para Estudio Adicional _____ *45*
Propósito y Visión _____ *49*

Prefacio

Saludos en el nombre de nuestro Señor Jesucristo:

Presento este libro para al cuerpo de Cristo como el Espíritu Santo me lo presentó. Te reto a que permitas que el Espíritu de la verdad de Dios, y la Biblia, confirmen la exactitud de las palabras contenidas en estas páginas. Este libro forma parte de un curso completo de estudios sobre el estudio de la Biblia llamado Sobreponiéndose a la Vida. Esta serie es una "caja de herramientas espirituales" ya que cubre una multitud de temas que enfrenta cada cristiano en su caminar con Dios. También responde a las preguntas que muchos creyentes tienen con respecto al movimiento actual sobre Dios. Estos son tratados en un enfoque equilibrado y a la luz de las Escrituras. ¡El pueblo de Dios no está para vivir frustrado, derrotado en vida, sino que están para ser vencedores victoriosos! Para un estudio más profundo, cada uno de estos libros tiene un cuaderno de trabajo disponible en versión impresa. Este libro y serie también se dirige a todos los buscadores de la verdad que no conocen AL CRISTO ILIMITADO, ya que sería un privilegio para mí presentarle a Él.

Durante los primeros años de ministerio, se me dificultaba como aprender a escuchar la voz de Dios. Una vez, mientras nerviosamente esperaba hablar ante una gran audiencia, y no estaba segura sobre qué tema debería de hablar, le hice rezándole al Señor esta pregunta: "Señor, ¿qué voy a decirle a toda esta gente?" En mi espíritu, le oí responder muy claramente, "Betty, yo tenía la esperanza de que no dijeras nada, ya que yo tenía muchas ganas de hablar". Sí, Él quiere hablar a través de nosotros, cuando nos entregamos a Su Espíritu. Me di cuenta que al entregarse al Señor y con la guía del Espíritu Santo no solo son posibles, sino que son el único camino que Él quiere que hagamos su ministerio. **"Porque no sois vosotros los que habláis, sino el Espíritu de vuestro Padre que habla en vosotros"** (Mateo 10:20).

Este libro es un obsequio del Espíritu Santo. No tomo ningún crédito por este libro. Si algo en estas páginas te bendice, te ilumina, te acerca a Dios, te libera del miedo o de la esclavitud, o te cura o te entrega, por favor eleva tu voz en alabanza al precioso Salvador de nuestras almas, ¡Jesucristo nuestro Señor! Si por otro lado, tú encuentras alguna de estas cosas difícil de recibir, difícil de entender, o totalmente herética desde tu punto de vista, te alentamos a buscar al Señor y preguntarle si esto podría ser la verdad. Con el corazón abierto y sincero, ¿le pedirías a Dios que te ayude a cambiar tus ideas preconcebidas, y a liberte de las tradiciones para recibir de Él, Su verdad? Su verdad siempre trae libertad, nunca la esclavitud. **"Y conoceréis la verdad, y la verdad os hará libres" (Juan 8:32).**

Al caminar con el Señor, he encontrado que debemos obedecer las cosas que nosotros sentimos que Él nos está diciendo. En mi vida personal, yo solía tener miedo de hablar por el Señor, porque tenía mucho miedo de perderle y de cometer errores. Él, por supuesto, ahora me ha liberado de todos mis temores. ¡Alabado sea Él! Él me ha animado a no renunciar debido a los errores, cuando me dijo estas palabras: "Betty, si recibo la gloria y la alabanza por todas las cosas que son una bendición para la gente, también recibo la responsabilidad por tus errores, siempre y cuando está tratando de complacerme. Yo soy capaz de hacer incluso esta tarea para tu bien". **"Y sabemos que todas las cosas ayudan a bien a los que aman a Dios, a los que son llamados conforme a su propósito" (Romanos 8:28).** ¡Servimos a un maravilloso, amoroso Dios, que nos anima a seguirlo y obedecerlo para que podamos ser bendecidos, y a su vez bendigamos a los demás!

Este libro fue escrito como un acto de obediencia hacia el Señor, a quien amo mucho. Considero un honor el escribir para El. Hace años, cuando estaba en oración, el Señor me dijo que yo iba a escribir un libro, pero nunca sentí que era el tiempo apropiado para Dios, ni tampoco sentí la unción para comenzar este trabajo hasta ahora. Durante el año pasado Dios ha realizado una serie de milagros para confirmar que este es el tiempo para Él, y ha realizado los arreglos para que esto sea una realidad.

Rezo para que este libro, junto con la serie de Sobreponiéndose a la Vida, pueda ayudarte a aprender como caminar más cerca de nuestro Señor, ya que Él es el ¡CRISTO ILIMITADO!

Soy por Su amor,
Un siervo del Señor,

Betty Miller
Febrero, 1980

"Si alguno quiere hacer su voluntad, conocerá si la doctrina es de Dios, o si yo hablo de mí mismo" (Juan 7:17).

Prólogo

Me pareció natural que yo escribiera la introducción de este libro ya que mi esposa, Betty, y yo, somos "una sola carne". Dios, por medio del Espíritu Santo, ha dado por revelación a Betty muchas verdades sobre Su Palabra, que han sido presentados en este libro.

El Señor le hablo a Betty hace como diez años diciéndole que ella iba a escribir un libro para Él, y que Él arreglaría el momento y el lugar correcto para escribirlo. Betty simplemente tomo esta visión y la mantuvo a un lado hasta que Dios empezó a "despertar" su espíritu para impulsarla hacia este libro. Una mañana, muy temprano, Betty se despertó, y comenzó a escribir como el Señor le iba dictando. Al darle esta pequeña porción del libro, le mostró que, a través de la entrega a su Espíritu, y el rendimiento completo a Él, Él la alimentaria con el mensaje que quiso compartir con el cuerpo de Cristo. Él también le revelo que tan rápido y fácil sería terminado el libro. Los mensajes que Dios ha dado en esta serie de Sobreponiéndose a la Vida son para todos los que quieren ser vencedores y que quieren ser "conformes a la imagen de su Hijo" (**Romanos 8:29**). Nuestro Señor no está satisfecho de que una persona siga siendo un "bebé" en Cristo, pero anhela que cada "bebé" crezca y llegue a la madurez. Él desea que debiéramos tratar de convertirnos en vencedores, vivir la vida que vence, y reclamar las promesas de la herencia de todas las cosas que han de entregarse a los vencedores.

Agradezco a Dios que Él me ha permitido compartir tal amor tan estrecha y la compañía de Betty. Yo sé que dentro de su corazón, ella no tiene ambiciones personales, no con fines personales para lograr esta obra. Betty simplemente ha estado haciendo la voluntad del Padre en la redacción de este libro ungido. Que el Señor te bendiga con este libro, como Él nos ha bendecido al ser parte de Su obra.

Suyo en Cristo,
Pastor R.S. "Bud" Miller

**"El que venciere heredará todas las cosas; y yo seré su Dios y él será mi hijo"
(Apocalipsis 21:7).**

Créditos y Reconocimientos

¡Toda la alabanza y mérito es para **el Cristo Ilimitado**!

Verdaderamente Cristo, el Padre, y el Espíritu Santo son merecedores de alabanza, no sólo por este libro, sino por nuestras propias vidas. Su sacrificio en el Calvario hizo posible conocer a Él y a todos los miembros de la familia de Dios.

Al igual que con la impresión de cualquier libro, hay una gran cantidad de gente responsable por las palabras en estas páginas, palabras físicas así como a las palabras espirituales. Todas las personas que alguna vez han sido parte de mi vida, todas las personas que han orado y apoyado este ministerio, mis amigos y mi familia han realmente contribuido con esta obra. Especial crédito se debe dar a mi marido, Bud, puesto que sus fieles y oraciones amorosas, su ánimo, y liderazgo, y su amor son una gran parte de este libro. Además, quiero expresar mi gratitud a todos cuyos libros y artículos he leído, a los ministros del Evangelio, cuyos sermones he escuchado, ya que cada uno de ellos ha contribuido, en cierta medida, a este libro. La lista es interminable, pero la eternidad tiene los registros. Así que en lugar de nombrar a las personas individualmente en esta página y darles crédito terrenal, prefiero que el Señor Jesucristo recompense a cada uno, de la manera que sólo Él puede hacerlo. Que Dios los bendiga a todos, y que se sorprendan al abrir la caja que contiene sus tesoros celestiales.

"Porque el Hijo del Hombre vendrá en la gloria de su Padre con sus ángeles, y entonces pagará a cada uno conforme a sus obras" (Mateo 16:27).

Introducción

La Curación del Espíritu, Alma y Cuerpo es el sexto libro dentro de la **Serie de Sobreponiéndose a la Vida** y ensena a los creyentes como recibir la cura divina para problemas emocionales tanto como problemas físicos. La raíz de muchos problemas físicos está dentro del dominio espiritual y del alma y, cuando se corrigen, los problemas cesan. En este libro, junto con su cuaderno de trabajo que lo acompaña, recibirás un entendimiento sobre la naturaleza triple del hombre y de cómo se relacionan entre sí. La Biblia ensena que la voluntad del Señor es que el hombre sea entero en su espíritu, alma y cuerpo. La enfermedad en cualquier área afecta al hombre entero. Un ejemplo es cuando hay amargura en el alma; puede causar dolencias físicas que se manifiestan en el cuerpo. El perdón de los demás puede liberar a la persona para recibir la sanidad en su cuerpo.

La Curación del Espíritu, Alma y Cuerpo también te da las herramientas para traer la fuerza y la salud para el hombre espiritual. Dios tiene la esperanza acerca de la curación de hombre que el hombre podrá protegerse de los ataques físicos de Satanás contra su cuerpo, y así vivir con salud divino. Esta es la promesa de Dios en Su Palabra para Sus vencedores.

La Curación del Espíritu, Alma y Cuerpo

"Y el mismo Dios de paz os santifique por completo; y todo vuestro ser, espíritu, alma y cuerpo, sea guardado irreprensible para la venida de nuestro Señor Jesucristo" (1 Tesalonicenses 5:23).

Sanidad por la Palabra

Dios quiere que Su cuerpo esté sano. Su pueblo, formado por los miembros individuales de Su cuerpo, necesita Su salud para llevar a cabo las tareas encomendadas a ellos como iglesia. La restauración de los dones del Espíritu a Su iglesia, aportando liberación y sanidad, es un movimiento reciente del Espíritu Santo. Puesto que Jesús regresa a buscar una iglesia "sin mancha ni arruga", "gloriosa", busquemos que esté limpia y sana antes de ese momento. Esta curación abarca a todo el hombre: espíritu, alma y cuerpo.

"**Para santificarla, habiéndola purificado en el lavamiento del agua por la palabra, a fin de presentársela a sí mismo, una iglesia gloriosa, que no tuviese mancha ni arruga ni cosa semejante, sino que fuese santa y sin mancha**" **(Efesios 5:26 y 27).**

La palabra hebrea para "sanar" es "rapha" y significa "hacer completamente sano". El vocablo griego "sozo" tiene la misma connotación. Se usa indistintamente en el Nuevo Testamento, con el significado de "salvar" y "sanar". Necesitamos ser libres del **"...pecado que nos asedia..." (Hebreos 12:1)**, de la enfermedad en nuestros cuerpos, los temores del alma y todo lo que nos impide ser victoriosos hijos de Dios. Esto es lo que la Biblia llama santificación, es decir, el proceso de purificación que debe ocurrir en nuestro espíritu, alma y cuerpo.

Trinidad de Dios y del hombre

El hombre es una tricotomía constituida por un espíritu, un alma y un cuerpo. Dios diseñó al hombre como una unidad funcional con su espíritu renacido estando a cargo del alma (mente, emociones y voluntad) con el cuerpo sujeto al alma y al espíritu. El hombre fue creado a imagen de Dios. Hasta que comprendemos esto, no podemos comenzar a comprendernos a nosotros mismos.

"Entonces dijo Dios: Hagamos al hombre a nuestra imagen, conforme a nuestra semejanza; y señoree en los peces del mar, en las aves de los cielos, en las bestias, en toda la tierra, y en todo animal que se arrastra sobre la tierra. Y creó Dios al hombre a su imagen, a imagen de Dios lo creó; varón y hembra los creó" (Génesis 1:26 y 27).

Primero, notemos que Dios dijo "hagamos al hombre a nuestra imagen".

Dios también es un ser triunfo. La Divinidad está constituida por el Padre, el Hijo (Jesús), y el Espíritu Santo. Es necesario tener una cierta comprensión de este misterio si queremos comprender como estamos hechos. Jesús, en **Marcos 12:29**, dijo, **"El primer mandamiento de todos es: Oye, Israel; el Señor nuestro Dios, el Señor uno es"**. En **1 Juan 5:7** leemos, **"Porque tres son los que dan testimonio en el cielo: el Padre, el Verbo y el Espíritu Santo; y estos tres son uno".** De estas escrituras, vemos que Dios no es tres dioses ni un ser con tres cabezas, sino un solo y único Dios con tres personalidades claramente distintas y separadas. El "Verbo" en **1 Juan 5:7** se refiere a Jesús, ya que **Juan 1:14** afirma, **"Y aquel Verbo fue hecho carne, y habitó entre nosotros (y vimos su gloria, gloria como del unigénito del Padre), lleno de gracia y de verdad"**.

Si establecemos una analogía, tal vez comprendamos mejor como Él puede ser tres en uno. Un hombre casado que tiene una familia es esposo, padre y también hijo. No es tres hombres diferentes sino uno con tres papeles diferentes. Se relaciona con la esposa, los hijos y sus propios padres de manera diferente. Sucede lo mismo con el Señor. Se relaciona con nosotros como Padre, como Hijo y como el Espíritu Santo. Dios no cambia. Él es santo, Él es espíritu, y Él es eterno. Dios es uno pero tiene tres formas, como el agua que se manifiesta como sólido, líquido o gas pero sigue siendo un solo compuesto. Como hielo, tiene una forma y un cuerpo definido; como líquido, fluye libremente; en estado gaseoso se muestra vaporosa. De la misma manera, la Divinidad se manifiesta a Sí misma y puede verse en Jesús, sentirse como ríos de agua en el Espíritu Santo, y conocerse como el poder invisible del Padre.

El hombre espiritual

Todo el consejo del cielo está disponible para nosotros como hijos Suyos hechos a Su imagen. La imagen y semejanza no significan un parecido físico porque un día este físico perecerá y recibiremos un cuerpo glorificado. La imagen que tiene semejanza con Dios es el potencial de nuestra imagen espiritual. Dios creó al hombre con la posibilidad de llegar a ser como Dios. Ninguna otra criatura tiene este potencial.

Antes de la caída del hombre, Adán y Eva caminaban en integridad. Aunque en el momento de la creación no eran totalmente maduros desde el punto de vista espiritual, el designio de Dios era que crecieran hasta madurar al caminar con Él y obedecerle. Por su desobediencia, comieron del árbol de la ciencia del bien y del mal siendo aún inmaduros, y esto los perdió. Algunas cosas Dios nos las niega en el presente porque no son buenas por nuestra inmadurez, pero Él quiere que más adelante las tengamos. Después que Adán y Eva madurasen, yo creo que Dios no sólo les hubiera dado el árbol de la ciencia del bien y del mal, sino también el árbol de la vida para que al comer de él vivieran para siempre. Sin embargo, a causa de la desobediencia, cayeron en pecado y tinieblas, y toda la humanidad tras ellos. Por esto el Señor Jesús tuvo que morir como un sustituto por los pecados del hombre, para que pudiéramos encontrar nuestro camino de vuelta a Dios. Cuando aceptamos a Jesús como Salvador, "nacemos de nuevo" y somos otra vez creados a imagen de Dios.

Dios creó al hombre con un don muy precioso que Él nunca viola. Es el libre albedrío. La creación del hombre como un agente moral libre dio por resultado la posibilidad no sólo de hijos que llegaran a ser como Dios, sino también hijos que llegaran a ser como el diablo. El hombre podía elegir su propio destino ejercitando la voluntad. ¿Por qué Dios no creó al hombre para que solamente le obedeciera? Podría haber evitado así este mundo lleno de pecado a causa de la impiedad moral que surge de la voluntad del hombre. Dios tuvo tan altas y extraordinarias intenciones para el hombre que quería más que un robot diciendo "te amo" cuando se lo ordenaran. Deseaba hijos que se comunicaran y estuvieran en comunión con Él, con Sus mismos deseos e intereses. Anhelaba tener comunión íntima con un ser semejante a Él. Él quería hijos que sintieran amor genuino por Él, no seres obligados a amarlo. Al crear al hombre con libre albedrío, podría elegir el llegar a ser como Dios. Hemos descuidado el enseñar el poder y el papel que tiene la voluntad del hombre en el camino del vencedor, y por ello muchos han sido derrotados por el enemigo. Veamos como esta importante verdad relacionada con nuestro libre albedrío puede ayudarnos a ser victoriosos en el diario andar con el Señor.

En primer lugar precisamos entender que el hombre es un espíritu, con un alma que vive en el cuerpo. El cuerpo físico es la única casa o templo que contiene al verdadero hombre. Miremos al hombre verdadero, real que es el hombre espíritu. La palabra griega para espíritu es "pneuma" o "aliento". El hombre espíritu no puede ser visto con los ojos naturales, porque es el hombre oculto o interior. Es la parte del hombre que las escrituras llaman el corazón del hombre. Es la esfera de influencia divina. **"Sino el interno, el del corazón, en el incorruptible ornato de un espíritu afable y apacible, que es de grande estima delante de Dios" (1 Pedro 3:4).** El hombre espíritu, que es el hombre real o verdadero, vivirá eternamente. Tendrá un alma y un cuerpo pero, en esencia, el espíritu regirá sobre los otros dos.

Los dos mundos de la esfera espiritual

En el mundo del espíritu sólo existen dos reinos: el reino de Dios y el reino de Satanás. Pertenecemos a uno o al otro de estos reinos, no existe un término medio. **Romanos 8** habla de ambos reinos espirituales y de las leyes espirituales que los rigen. **"Porque la ley del Espíritu de vida en Cristo Jesús me ha librado de la ley del pecado y de la muerte" (Romanos 8:2).** Por este versículo podemos ver que estamos gobernados por el Espíritu de Vida o por el espíritu de muerte. El Espíritu de Vida entra en nosotros cuando "nacemos de nuevo". Esto se hizo posible por la muerte que Cristo padeció en la cruz en nuestro lugar. Murió para que nosotros pudiéramos vivir.

"Y a vosotros, estando muertos en pecados y en la incircuncisión de vuestra carne, os dio vida juntamente con él, perdonándoos todos los pecados, anulando el acta de los decretos que había contra nosotros, que nos era contrarían quitándola de en medio y clavándola en la cruz" (Colosenses 2:13 y 14).

Hasta que experimentemos la vida de Cristo, estamos perdidos en el pecado y bajo poder y dominio del espíritu de muerte regido por Satanás.

En estos dos mundos espirituales existen, en última instancia, dos poderes: el poder de Cristo (el Espíritu de Vida) y el poder de Satanás (el espíritu de muerte), y estamos controlados por uno u el otro. No hay un término medio, o un tercer poder. Algunos creen que el hombre tiene un poder sobrenatural por sí mismo, llamado "poder del alma". Esto no es verdad porque la parte del alma del hombre está controlada por Dios o por Satanás.

El hombre anímico

¿En qué consiste el alma del hombre? La voluntad, la mente o intelecto, y las emociones o personalidad integran el alma del hombre. El poder dado al hombre es el poder de elegir, pero tiene poder sobrenatural por sí mismo. Al elegir el camino de Dios o el de Satanás, el hombre es facultado por el Espíritu de Vida o del espíritu de muerte según qué elija. Se pone entonces bajo las reglas y leyes de uno de estos reinos espirituales. Si elegimos a Cristo, operamos bajo Su poder, Su amor y Su reino; si elegimos los caminos de Satanás, caemos bajo su dominio. A esto se refiere **Efesios 2:1-5, "Y él os dio vida a vosotros, cuando estabais muertos en vuestros delitos y pecados, en los cuales anduvisteis en otro tiempo, siguiendo la corriente de este mundo, conforme al príncipe de la potestad del aire, el espíritu que ahora opera en los hijos de desobediencia, entre los cuales también nosotros vivimos en otro tiempo en los deseos de nuestra carne, haciendo la voluntad de la carne y de los pensamientos, y éramos por naturaleza hijos de ira, lo mismo que los demás. Pero Dios, que es rico en misericordia, por su gran amor con que nos amó, aun estando nosotros muertos en pecados, nos dio vida juntamente con Cristo (por gracia sois salvos)".**

Según el cuadro "Espíritu, Alma y Cuerpo", al final este libro, notamos que la mente o el intelecto está en el ámbito del alma. Si caminamos en pos de las cosas del mundo y pecamos, estamos obedeciendo a la mente carnal. Tener una mente carnal significa caminar según la carne. La palabra griega para "carne" es "sarx", se refiere a la sabiduría del hombre mundano y la naturaleza de la mente carnal.

"Porque lo que era imposible para la ley, por cuanto era débil por la carne, Dios, enviando a su Hijo en semejanza de carne de pecado y a causa del pecado, condenó al pecado en la carne; para que la justicia de la ley se cumpliese en nosotros, que no andamos conforme a la carne, sino conforme al Espíritu. Porque los que son de la carne piensan en las cosas de la carne; pero los que son del Espíritu, en las cosas del Espíritu. Porque el ocuparse de la carne es muerte, pero el ocuparse del Espíritu es vida y paz. Por cuanto los

designios de la carne son enemistad contra Dios; porque no se sujetan a la ley de Dios, ni tampoco pueden; y los que viven según la carne no pueden agradar a Dios. Más vosotros no vivís según la carne, sino según el Espíritu, si es que el Espíritu de Dios mora en vosotros. Y si alguno no tiene el Espíritu de Cristo, no es de él. Pero si Cristo está en vosotros, el cuerpo en verdad está muerto a causa del pecado, más el espíritu vive a causa de la justicia. Y si el Espíritu de -- aquel que levantó de los muertos a Jesús mora en vosotros, el que levantó de los muertos a Cristo Jesús vivificará también vuestros, cuerpos mortales por su Espíritu que mora en vosotros. Así que, hermanos, deudores somos, no de la carne, para que vivamos conforme a la carne; porque si vivís conforme a la carne, moriréis; mas si por el Espíritu hacéis morir las obras de la carne, viviréis". (Romanos 8:3-13)

Observamos que "carne" se refiere a la mente carnal, no a nuestro cuerpo físico; por lo tanto, si nos rendimos a la carne, estamos entregándonos a la tentación que viene a la mente carnal.

En el alma, junto con la voluntad y la mente, están las emociones. Nuestros modelos o patrones emocionales tienden a configurar nuestra personalidad. Tendemos a evaluar a los individuos por sus expresiones emocionales de su generosidad, bondad, gentileza, ambición, temor, impaciencia, etc. Como cristianos, debemos desarrollar los atributos de Cristo, crucificando el "viejo hombre" de pecado y sus obras.

Efesios 4:18-24 declara, **"Teniendo el entendimiento entenebrecido, ajenos de la vida de Dios por la ignorancia que en ellos hay, por la dureza de su corazón; los cuales, después que perdieron toda sensibilidad, se entregaron a la lascivia para cometer con avidez toda clase de impureza. Mas vosotros no habéis aprendido así de Cristo, si en verdad le habéis oído, y habéis sido por él enseñados, conforme a la verdad que está en Jesús. En cuanto a la pasada manera de vivir, despojaos del viejo hombre, que está viciado conforme a los deseos engañosos y renovaos en el espíritu de vuestra mente, y vestíos del nuevo hombre, creado según Dios en la justicia y santidad de la verdad".**

Estos versículos dicen que debemos despojarnos del "viejo hombre" para vestirnos del "nuevo". Debemos "someternos a Dios" (el nuevo hombre y el Espíritu de Vida) y "resistir al diablo" (el viejo hombre y el espíritu de muerte). Nuestra antigua naturaleza debe considerarse muerta y crucificada en la cruz para que la nueva naturaleza pueda vivir. Eliminamos nuestra manera de ser y vivimos a la manera del Señor, si caminamos en el Espíritu. Caminar en el Espíritu es simplemente obedecer la Palabra de Dios y las directivas del Espíritu Santo. Al hacerlo, vencemos la vieja naturaleza y desarrollamos la naturaleza de Cristo en nosotros. El hombre espiritual u hombre interior debe renovarse día a día. **"...aunque este nuestro hombre exterior se va desgastando, el interior no obstante se renueva de día en día"** (2 Corintios 4:16).

El hombre físico

El hombre exterior es el alma, no el cuerpo. El cuerpo es el hombre físico o "de carne y hueso". Esta clase de "carne" no es la "carne" de la cual generalmente habla el Nuevo Testamento. Como ya se dijo, la "carne" indica la mente carnal. El cuerpo del hombre es simplemente el recipiente o vaso del espíritu y el alma.

Las escrituras refieren al cuerpo como templo del Espíritu Santo. **1 Corintios 6:19 y 20** dice, **"¿O ignoráis que vuestro cuerpo es templo del Espíritu Santo el cual está en vosotros el cual tenéis de Dios, y que no sois vuestros? Porque habéis sido comprados por precio; glorificad, pues, a Dios en vuestro cuerpo y en vuestro espíritu, los cuales son de Dios".** Nuestro cuerpo es templo de Dios o es templo de Satanás, dependiendo de nuestra elección. El cuerpo es también un receptor. Los sentidos del hombre físico son: oído, vista, tacto, gusto y olfato. Estos cinco sentidos que nos fueron dados para proteger el cuerpo. Cuando están bajo la influencia del Espíritu Santo, se ajustan correctamente y sirven al hombre con perfección. Sin embargo, bajo dominio de Satanás, se utilizan para satisfacer las lujurias de la carne. Si no elegimos adecuadamente los datos que llegan a través de estos sensores, encontramos que pronto el cuerpo se desequilibra y descontrola, y caemos en cosas que son perjudiciales para nosotros.

El cuerpo no tiene poder propio para decidir qué hacer, simplemente obedece órdenes del espíritu y el alma, sólo sigue al hombre interior o actúa según él. Por ejemplo, cuando yo despierto por la mañana, mi cuerpo no saldrá de la cama hasta que yo decida hacerlo. Permaneceré en la cama hasta que yo decida levantarme. Cuando decido levantarme, mi cuerpo obedece, me sigue. Si lo entreno para levantarse temprano, responderá haciéndolo; si somos indulgentes y nos permitimos dormir más, también responderá a esto.

Los sentimientos

Los sentimientos son la "voz" de nuestro cuerpo. Como cristianos no debemos permitir que los sentimientos nos controlen porque no son buenos "medidores" de lo que es o no es verdad. Los sentimientos tienden a variar con las circunstancias y las condiciones externas. Un ejemplo sería cuando seguimos sintiéndonos con sueño, aunque hayamos dormido lo suficiente. Si dejamos que tales sentimientos nos controlen, nos excederemos en el sueño y el viejo hombre o la carne nos controlarán. Es necesario evaluar con el Espíritu Santo y saber qué dice Él que es la verdad respecto a esta condición. El Espíritu nos guiará a descansar si no hemos dormido lo suficiente. Generalmente, dormiremos lo suficiente y sentiremos necesidad de levantarnos para orar y pasar tiempo con Él antes de iniciar el día. Nuestro hombre espiritual precisa fortalecerse, debemos darle tiempo y no permitir que nuestra naturaleza inferior nos rija.

¿Cómo vencemos un mal hábito como el de dormir en exceso? La verdadera clave está en el alma, y es la voluntad del hombre. A diario tenemos la oportunidad de hacer elecciones que ejecuta la voluntad. Cada día trae consigo elecciones para servir a Dios y caminar en Su senda, operando así bajo la ley del Espíritu de Vida en Cristo; por el contrario, podemos elegir el camino del "yo" que está bajo la ley del pecado y la muerte regida por Satanás. **Deuteronomio 28** incluye la lista de las bendiciones y las maldiciones que sobrevendrán sobre quienes hagan ciertas elecciones. Léelas y ve la maravillosa herencia que recibimos al caminar en Su senda y qué terribles cosas nos sucede si elegimos el camino de Satanás. **Deuteronomio 30:19** declara, "**A los cielos y a la tierra llamo por testigos hoy contra vosotros, que os he puesto delante la vida y la muerte, la bendición y la maldición; escoge, pues, la vida, para que vivas tú y tu descendencia**".

La mente carnal

Si nos alcanza una maldición acompañada de terribles problemas, es necesario pedir a Dios que nos muestre la causa. **Proverbios 26:2** dice, "**...la maldición nunca vendrá sin causa**". Quizás el problema sea que no hemos sabido apropiarnos de las bendiciones divinas y vencer la carne. El Señor nos dio la llave a la victoria al impartirnos Su poder para vencer la carne (la mente carnal). No nos dejó desprotegidos. Esta fue una de Sus promesas, darnos el Espíritu Santo. Se nos dice que la mente carnal es enemistad con Dios; se opone a los caminos de viniéramos a Cristo y, por lo tanto, necesita ser purificada y renovada. Esta renovación es un proceso continuo que se logra con la lectura de la Palabra de Dios y la comunión con Él en la oración. Este proceso de renovación de la mente carnal, las emociones y el cuerpo se llama santificación. **Efesios 5:26** declara, **"Para santificarla, habiéndola purificado en el lavamiento del agua por la palabra".**

Para que nosotros entendamos como podemos renovar nuestra mente y ponernos la mente de Cristo, veamos este ejemplo. En el mundo, cuando alguien nos hiere o deliberadamente nos daña, la primera reacción es devolver el mal y odiar a esa persona. Sin embargo, cuando hemos "nacido de nuevo", la Palabra de Dios nos dice, **"No os venguéis vosotros mismos, amados míos, sino dejad lugar a la ira de Dios; porque escrito está: Mía es la venganza, yo pagaré, dice el Señor. Así que, si tú enemigo tuviere hambre, dale de comer; si tuviere sed, dale de beber; pues haciendo esto, ascuas de fuego amontonarás sobre su cabeza. No seas vencido de lo malo sino vence con el bien el mal"** (Romanos 12:19-21).

Si nuestra mente carnal mantiene el control, nuestra reacción automática será de odio en vez de amor. Para vencer esto, debemos elegir -- con un acto de nuestra voluntad – escoger no odiar sino pedir al Espíritu Santo que nos dé Su amor por la persona que nos hace mal. Al hacerlo, nuestra mente carnal pronto se renovará y, en vez de odiar, amaremos a aquellos que nos han lastimado. La obra del Espíritu Santo en nosotros renueva la mente; por nuestra parte, debemos elegir el permitirle hacerlo (**Romanos 12:2**).

Santificación de la mente

La voluntad es de suma importancia en la obra de santificación, o santidad. La santificación no es automática. Algunos creen que nada deben hacer en esta obra purificadora, que es al Espíritu Santo a quien le corresponde actuar. Simplemente esperan que Él los limpie. Pero esto no es verdad. La parte de Dios es darnos poder para vencer el pecado y la debilidad, pero nuestra parte tener la voluntad que suceda. Si vamos a tener nuestra mente renovada, debemos estar deseosos y dispuestos para que el Señor lo haga porque Él no tocara un área que no hayamos sometido a Él. No sólo debemos tener voluntad, sino rendirnos y obedecer.

Ciertas personas hicieron elecciones correctas; no obstante, aún tienen dificultad para lograr la victoria; si éste es el caso, tal vez la necesidad sea ser lleno del Espíritu Santo. Se nos ha prometido el bautismo en el Espíritu y, si lo pedimos, podemos recibirlo.

"He aquí, yo enviaré la promesa de mi Padre sobre vosotros; pero quedaos vosotros en la ciudad de Jerusalén, hasta que seáis investidos de poder desde lo alto" (Lucas 24:49). "Pues si vosotros, siendo malos, sabéis dar buenas dádivas a vuestros hijos, ¿cuánto más vuestro Padre celestial dará el Espíritu Santo a los que se lo pidan?" (Lucas 11:13).

El Señor nos quiere santos y justos, pero esto solamente puede darse a través de la obra del Espíritu Santo dentro de nosotros. Nuestra parte es desearlo con todo el corazón. **Mateo 5:6** declara, **"Bienaventurados los que tienen hambre y sed de justicia, porque ellos serán saciados".**

Si "caminamos en el espíritu", no haremos las obras de la carne. Si permanentemente elegimos el camino de Dios y resistimos el camino de la carne, podemos lograr la victoria sobre cada debilidad. Miremos algunas de las obras de la carne y comparémoslas con el fruto del Espíritu para saber qué vamos a resistir y qué vamos a aceptar. **Gálatas 5:16-25** declara:

Digo, pues: Andad en el Espíritu, y no satisfagáis los deseos de la carne. Porque el deseo de la carne es contra el Espíritu, y el del Espíritu es contra la carne; y éstos se oponen entre sí, para que no hagáis lo que quisiereis. Pero si sois guiados por el Espíritu, no estáis bajo la ley. Y manifiestas son las obras de la carne, que son: adulterio, fornicación, inmundicia, lascivia, idolatría, hechicerías, enemistades, pleitos, celos, iras, contiendas, disensiones, herejías, envidias, homicidios, borracheras, orgías, y cosas semejantes a éstas; acerca de las cuales os amonesto, como ya os lo he dicho antes, que los que practican tales cosas no heredarán el reino de Dios. Mas el fruto del Espíritu es amor, gozo, paz, paciencia, benignidad, bondad, fe, mansedumbre, templanza; contra tales cosas no hay ley. Pero lo que son de Cristo han crucificado la carne con sus pasiones y deseos. Si vivimos por el Espíritu, andemos también por el Espíritu.

Podemos estar "viviendo en el Espíritu" sin "andar en Él". Podemos haber nacido de nuevo y vivir en el reino de Dios, pero no "andar en el Espíritu". La Biblia dice, **"ocupaos en vuestra salvación..." (Filipenses 2:12)**. Significa que debemos aprender a caminar con Dios para estar a salvo de los efectos del caminar en la carne. No dice que debemos hacer "buenas obras" para alcanzar la salvación, sino que es don de Dios. En **Efesios 2:8-10** leemos, **"Porque por gracia sois salvos por medio de la fe; y esto no de vosotros, pues es don de Dios; no por obras, para que nadie se gloríe. Porque somos hechura suya, creados en Cristo Jesús para buenas obras, las cuales Dios preparó de antemano para que anduviésemos en ellas"**.

Las buenas obras deberían ser consecuencia del andar con el Señor, no un plan por el cual vayamos a alcanzar una posición en Dios.

Trabajando por nuestra salvación

"Trabajar por nuestra salvación" es un proceso. La salvación no es una experiencia que suceda una sola vez sino una experiencia continua. Somos salvos de la pena del pecado al aceptar a Jesús como nuestro Señor. Somos salvos del poder del pecado cuando permanecemos llenos del Espíritu Santo. Eventualmente seremos salvos de la presencia del pecado cuando entramos en la presencia del Señor. El don de la salvación es gratuito, no podemos ganarlo. Pero, para ser un vencedor, debemos trabajar por nuestra salvación aprendiendo a caminar en el Espíritu. Dios quiere salvarnos de la tragedia, la enfermedad, el temor, la ansiedad y los peligros de este mundo. Tales cosas sobrevienen cuando caminamos en la carne. El Señor quiere que caminemos en el Espíritu de Vida y tengamos Su amor, gozo, paz y victoria. ¿Por qué algunos cristianos caminan en victoria y otros tienen una vida de derrota? Porque no saben cómo vencer la carne y el mundo.

Las manifestaciones de la carne son causadas por problemas en el corazón del hombre. Aun después de que el hombre nace de nuevo, para ser un verdadero vencedor, el hombre debe saber como purificar la mente y el corazón. La victoria no es automática. Debemos conocer la parte que nos toca desempeñar, porque la Palabra nos instruye para purificarnos. **"Así que, amados, puesto que tenemos tales promesas, limpiémonos de toda contaminación de carne y de espíritu, perfeccionando la santidad en el temor de Dios" (2 Corintios 7:1)**. El camino hacia esta victoria es sembrar la Palabra de Dios en nuestro espíritu para que, cuando surja la necesidad por dificultades específicas, sabremos cual es la voluntad de Dios y podamos rendirnos a ella y resistir al diablo.

Observando el cuadro *"Espíritu, Alma y Cuerpo"* encontramos varios frutos y emociones contrastantes en el terreno del alma. Los negativos proceden de la mente carnal y producen las manifestaciones de la carne mencionadas en **Gálatas 5:19-21**. Debemos saber cómo podemos caminar en las positives eliminando las que son negativas. Se logra por un acto de nuestra voluntad. Debemos elegir amar en vez del odio, ser pacientes en lugar de impacientes, ser generosos y no mezquinos, y confiar en lugar de temer. Después de una de estas elecciones, pidamos al Señor que nos dé el poder para vencer las viejas emociones carnales que sentimos. Entonces, resistimos al diablo con la Palabra de Dios y obedecemos todo lo que el Espíritu de Dios nos dice que hagamos.

Seamos específicos y veamos el problema de la falta de perdón. Alguien nos hiere y nos hace gran mal injustamente. De inmediato sentimos que no podemos perdonar, es algo que brota en el corazón si la mente carnal no ha sido renovada. Primero reconozcamos ese mal "sentimiento" y presentémoslo al Señor, pidiendo que lo saque del corazón y nos dé Su naturaleza de perdón. Por un acto de la voluntad, simplemente digamos "Señor, le perdonaré. Aún no siento ese perdón pero te pido Tu amor y Te pido tener Tu perdón en mi corazón". El Espíritu puede entonces pedir que hagamos algo para lograr ese "sentimiento". Puede decirnos que vayamos a esa persona y la saludemos con amor, o que tengamos algún gesto amable con ella. Cuando obedecemos, el Espíritu Santo nos dará la actitud correcta hacia la persona. Quizás el Espíritu Santo nos diga que ayunemos y oremos por esa persona en lugar de hablar con ella. Cualquier cosa que nos pida, debemos obedecerle. Esto es "caminar en el Espíritu" y "dar muerte al yo" y la carne. El viejo yo no quiere perdonar, prefiere aferrarse al rencor o ignorar a la otra parte. Jesús quiere que caminemos en Su Espíritu y seamos pacificadores y perdonadores, como Él lo fue. A medida que seguimos obedeciendo al Señor, descubriremos una ley espiritual automática trabajando a nuestro favor.

Al seguir los pasos del Señor, el Espíritu de Vida trabaja a nuestro favor. Las bendiciones de Dios serán nuestras bendiciones; Su paz será nuestra paz; Su misericordia nos seguirá. Pero si desobedecemos, lo opuesto será verdad. Si decidimos no perdonar a alguna persona, el espíritu de muerte trabajará en nosotros de igual forma.

Automáticamente nos amargaremos, estaremos deprimidos, rudos y temerosos porque elegimos rendirnos a la carne. Las elecciones de cada día determinan nuestro crecimiento en el Señor. Seremos más como Él caminando y obedeciendo al Espíritu de Dios, o nos convertiremos en cristianos carnales desagradando a Dios. Esto trae muerte a nuestra vida, porque **Romanos 8:6** dice, **"Porque el ocuparse de la carne es muerte, pero el ocuparse del Espíritu es vida y paz"**. Aquí podemos ver por qué tantos cristianos no están disfrutando de su herencia en Dios. Rehúsan caminar en el Espíritu y cosechan lo que siembran en la carne. **"No os engañéis; Dios no puede ser burlado: pues todo lo que el hombre sembrare, eso también segará. Porque el que siembra para su carne, de la carne segará corrupción; mas el que siembra para el Espíritu, del Espíritu segará vida eterna"** (Gálatas 6:7 y 8).

Siembra y cosecha

Muchos no quieren que el Señor los purifique y rechazan Su obra de santificación y sanidad. Así cosechan aquellas cosas que han sembrado para la carne. En un tiempo de mi vida estuve muy preocupada por la siega de todo lo que había sembrado, porque me parecía que siempre le fallaba a Dios. Sentía que estaría siempre cosechando sin lograr progresos espirituales. No quería fallar al Señor pero mi carne era débil, y El Señor fue tan lleno de gracia para ministrarme con Su Amor.

Primero me llevó a la escritura de **Mateo 26:41** donde dice, **"Velad y orad, para que no entréis en tentación; el espíritu a la verdad está dispuesto, pero la carne es débil"**.

Gentilmente me explicó que la clase de pecado que segaba corrupción era pecado premeditado. **Gálatas 6:7** dice, **"...pues todo lo que el hombre sembrare, eso también segará"**. Dios me preguntó cómo sembraba una semilla. Contesté, "Haciendo un hoyo en la tierra". Entonces me preguntó qué hacía después. Le respondí "Colocar la semilla y taparla". Dios me dijo, "Esa es la forma en que cometes un pecado premeditado. Deliberadamente cavas, haces un hoyo; plantas la semilla y la tapas después, para que otros no la vean. Los resultados de esos pecados a la larga se cosecharán".

Después me dijo, "La otra clase de pecado, que es debilidad de la carne, es como la semilla arrojada sobre la superficie del suelo; el Sol la seca y nunca echa raíces". Cuántas veces no queremos pecar pero, de pronto, en un momento de debilidad fallamos al Señor y de inmediato nos sentimos mal y buscamos Su perdón. El resultado de este pecado no será segado por que la gracia del Señor lo cubre, como el Sol que quema esa semilla que quedó en la superficie de la tierra.

Cada vez que entregamos estas áreas débiles a Jesús y nos determinamos a ser vencedores, crecemos y nos fortalecemos y, con el tiempo, alcanzaremos la victoria. Pero si somos rebeldes y voluntariamente pecamos, en el momento en que buscamos el perdón de Dios podemos retomar el camino del Espíritu, pero tendremos que asumir las consecuencias de esos pecados premeditados. Un ejemplo sería el de una joven que deliberadamente peca fornicando, con el resultado de un bebé ilegitimo. El Señor la perdona en el mismo momento cuando ella busca Su perdón, pero tendrá el bebé como consecuencia de su pecado. Nada cambiará el hecho de que el niño sea ilegítimo. Pero la gracia y la misericordia de Dios cubrirán el pecado para que madre e hijo puedan crecer en Su amor y bondad, si la joven elige el camino de Dios para Su vida.

Dios perdonará y nos limpiará, y siempre nos mostrará el camino para vencer mientras le seguimos a Él. Cuando pecamos o fallamos a Dios, siempre está listo para recibirnos otra vez en Su comunión y amor. No sólo quiere que vivamos en el Espíritu sino que andemos en Él, esto es, la vida crucificada (**Gálatas 5:24 y 25**).

Conquista de las emociones negativas

Al observar algunas de las otras emociones negativas -- o fruto de Satanás -- que experimentamos, podemos ver la manera de como vencerlas. Tomemos el temor, por ejemplo. La Palabra de Dios nos dice, **"No tendrá temor de malas noticias; su corazón está firme, confiado en el Señor" (Salmo 112:7)**. El temor es lo opuesto a la confianza. El diablo permanentemente trata de que sintamos temor. En **Lucas 21:26**, la Biblia dice, **"Desfalleciendo los hombres por el temor y la expectación de las cosas que sobrevendrán en la tierra; porque las potencias de los cielos serán conmovidas"**. Muchos no podrán vencer el temor, sino que serán vencidos por él. Como cristianos, no debemos temer sino, por el contrario, confiar plenamente en el Señor. Si Satanás viene contra nosotros con sus mentiras y temor, debemos volvernos a Dios y pedirle que saque ese temor. La gente siente muchos temores. Algunos temen a la muerte, otros sienten temor de enfermarse de cáncer, o de perder a los seres queridos, o de que se les incendie y desmorone la casa, o de sufrir un accidente con el auto, o de volar en avión. Otros se atormentan con el temor a la oscuridad, o temen ser asaltados o estar solos. El temor es un horrible monstruo, y no importa bajo qué forma aparece. Después de buscar a Dios para que nos libre de nuestros temores, debemos citar la Palabra de Dios para que el enemigo escuche lo que dice sobre el tema. **"Porque no nos ha dado Dios espíritu de cobardía, sino de poder, de amor y de dominio propio"** (2 Timoteo 1:7).

Al escuchar al Espíritu Santo, habitualmente Él nos pide que hagamos algo positivo. Puede guiarnos a cantar al Señor, orar en lenguas, leer la Biblia; si obedecemos, el Espíritu Santo nos librará del "espíritu de temor". Si no podemos ser libres y nos damos cuenta de que estamos ligados a un mal espíritu de temor, quizás sea necesario "echarlo fuera". Si simplemente estamos intentando vencer una debilidad en la carne, expresada como temor, sometiéndonos a Dios y resistiendo al diablo lograremos la victoria. No deberíamos desalentarnos cuando no alcancemos la victoria en el primer intento. A veces debemos enfrentar al enemigo varias veces hasta "ganar la pelea". Si perdemos una batalla no quiere decir que vayamos a perder la guerra. Si determinamos nuestro corazón y elegimos confiar en el Señor y no temer, Él nos dará la victoria.

Este mismo enfoque aplicado a cualquier debilidad nos dará el éxito. El punto inicial es una decisión de la voluntad. Una decisión nos permitió entrar al reino de Dios. Decidimos aceptar el perdón y la reconciliación del Señor. En el momento de tal decisión, "nacimos de nuevo" y recibimos el don de la vida en Cristo. Todo esto se obtuvo por la fe en la Palabra de Dios. El mismo método será útil para vencer cualquier debilidad en nuestra vida. En primer lugar, debemos decidir que queremos ser vencedores; luego, el poder de Dios hará esta obra en nosotros a medida que confiamos en Él por la fe. No seamos inestables después de tomar una decisión, porque el hombre que cambia de parecer fácilmente nada recibe. **Santiago 1:6-8** advierte, **"Pero pida con fe, no dudando nada; porque el que duda es semejante a la onda del mar, que es arrastrada por el viento y echada de una parte a otra. No piense, pues, quien tal haga, que recibirá cosa alguna del Señor. El hombre de doble ánimo es inconstante en todos sus caminos"**.

Contrariamente a lo que podríamos pensar, no es necesario ir de un lado a otro confesando a otros que tratamos de vencer; hacer una declaración en oración es suficiente, porque es confesarlo a Dios. A veces hablamos demasiado y hacemos muy poco. La fe verdadera descansa en la victoria de Jesús, no precisa pregonar el resultado que espera. Sera evidente cuando el fruto comience a manifestarse en nuestra vida.

"El que ahorra palabras tiene sabiduría; de espíritu prudente es el hombre entendido. Aun el necio, cuando calla, es contado por sabio; el que cierra sus labios es entendido" (Proverbios 17:27 y 28).

No es necesario volver a los antiguos obstáculos de la vida para recibir sanidad. Cuando venimos al Señor, somos hechos "nuevas criaturas" y todas las cosas viejas pasan, y todo es hecho nuevo. **"De modo que si alguno está en Cristo, nueva criatura es; las cosas viejas pasaron; he aquí todas son hechas nuevas"** (2 Corintios 5:17). El Señor quiere que se borren los antiguos sufrimientos para que podamos vivir sin el dolor de aquellas heridas. No escarbemos el pasado, al menos que el Espíritu Santo vea específicamente la necesidad de tocar un área con Su sanidad; sólo entonces, si esa sanidad exige enfrentar el pasado, lo haremos. Con Su amor, Él arrancará la herida de aquellos días. La sanidad interior o sanidad emocional a veces es la llave para lograr una sanidad física. Podemos estar sufriendo con úlceras porque no hemos perdonado a alguien, o tal vez la artritis sea el efecto de un espíritu amargo, resentido y orgulloso. Los problemas cardíacos pueden resultar del temor. El Señor comienza a sanarnos de adentro hacia afuera. Una vez que nuestro corazón y alma están limpios, el cuerpo responderá y experimentará la sanidad. Cuando nuestra alma prospera, también prosperará nuestro cuerpo. **"Amado, yo deseo que tú seas prosperado en todas las cosas, y que tengas salud, así como prospera tu alma"** (3 Juan 1:2).

Si el desaliento o la depresión nos agobian, y no podemos orar o leer la Palabra de Dios, pidamos al Espíritu Santo que mueva a alguien a orar por nosotros. El Señor sabe que muchas veces estamos muy débiles para orar y necesitamos del amor de otros miembros del cuerpo de Cristo. Puede quedarse a orar con nosotros hasta que alcancemos la victoria. No nos sintamos mal por pedir a otros que oren por nosotros. Nos precisamos unos a otros. Se nos ha dicho que, **"...alentéis a los de poco ánimo, que sostengáis a los débiles, que seáis pacientes con todos"** (1 Tesalonicenses 5:14). Es también muy bueno contar con alguien para orar la oración para estar de acuerdo con usted cuando tratamos de vencer una debilidad. Dará fortaleza y firmeza a la decisión de conquistar esas áreas necesitadas. **"Otra vez os digo, que si dos de vosotros se pusieren de acuerdo en la tierra acerca de cualquiera cosa que pidieren, les será hecho por mi Padre que está en los cielos" (Mateo 18:19).** Es un acuerdo maravilloso que deberían practicar los matrimonios. La esposa puede estar de acuerdo en que la debilidad de su marido será derrotada en Cristo, y él puede hacer idéntico acuerdo en relación a ella. Satanás intenta dividir los matrimonios con pensamientos de crítica y palabras negativas y acusadoras acerca de las debilidades de cada uno.

¿Cómo vencer cualquier emoción negativa? Debemos, en primer lugar, pedir al Señor que la quite; luego, citar la Palabra de Dios; después, escuchar al Espíritu Santo; a continuación, obedecer Su guía y, finalmente, alabar a Dios por la respuesta. Esta es solamente una simple enumeración pero puede ser útil para quienes necesiten una guía para vencer sus fallas y fracasos.

El poder transformador de Dios

Al Señor le deleita tomar hombres y mujeres débiles para transformarlos en pilares de fortaleza. Él tiene un plan único para cada uno de nosotros. Dios no quiere que tratemos de cambiar por nosotros mismos. La autosuficiencia y la propia voluntad son solo lo que sus prefijos indican - "yo". El "Yo" siempre nos fallará, pero Dios jamás nos falla. La razón del fracaso "de yo" es porque un día el hombre enfrenta el final, y necesita a Dios. El método de Dios para transformarnos consiste en poder nuestra voluntad de acuerdo con la Suya, permitiendo que Su poder obre para cambiarnos. Esto explica por qué la gente que vence adicciones diversas -- como comida, alcohol, drogas, tabaco -- pero sin Cristo, con frecuencia vuelve a esos hábitos destructivos.

Los métodos del "yo" son temporarios. Los métodos de Dios son permanentes, definitivos. El alcohólico no sólo tiene que abstenerse para seguir siendo libre, porque la causa raíz de su adicción puede ser curada por Jesús. Puede recibir la liberación de este mal espíritu; no padece una enfermedad incurable pero, aun así, Jesús puede sanar toda enfermedad. Un alcohólico recuperado no precisa vivir con "el temor de tomar un trago", para terminar otra vez esclavizado; no es necesario vivir atormentado por el resto de sus días. Dios quiere librarlo de todo temor y adicción, dándole el poder de vencer a través de Jesucristo.

Templanza es uno de los frutos del Espíritu y, al caminar en el Espíritu, este fruto será parte de nuestra vida. No caeremos en excesos. Cuando nuestro espíritu y el alma son purificados, todos los frutos del Señor se manifestarán en nosotros. Nuestro Padre anhela vernos sanos y abundando en fruto. Si caminamos con Él y lo obedecemos, este fruto será una realidad. **"Yo soy la vid, vosotros los pámpanos; el que permanece en mí, y yo en él, éste lleva mucho fruto; porque separados de mí nada podéis hacer" (Juan 15:5).**

La glotonería es otro espíritu que esclaviza a millones. La liberación puede traer libertad en esta área. Si el problema no es un mal espíritu sino sólo un mal hábito en la carne, puede ser conquistada, poniendo la voluntad de acuerdo con la voluntad del Padre, pidiéndole el poder de comer adecuadamente. No debemos vivir pendientes del peso, sino más bien pendientes de Jesús. Al poner los ojos en Él en vez de mirar el problema, pronto alcanzaremos la victoria. Él nos impartirá el deseo de agradarle y estar con Él, en lugar del deseo de comer con exceso. Jesús será nuestro consuelo, no la comida. La mayoría de las personas con sobrepeso necesita sanidad emocional, generalmente en el área de la autoestima. A medida que buscan al Señor, Él nos curare de las heridas de rechazo. Cuando reciben esta sanidad interior, el hombre físico (el cuerpo) empieza a responder adecuadamente y el peso se normaliza. Si el problema es de naturaleza física (desequilibrio tiroideo, químico u hormonal) la cura es la misma: obedecer a Jesús. Él dará la necesaria sanidad si la persona camina fielmente con Él.

Dado que nuestra batalla está en la mente, hay que continuamente mantener la mente alimentada con la Palabra de Dios, ya que es la munición que utilizamos para vencer al enemigo. Muchos no alcanzan la victoria prometida porque alimentan el espíritu con cualquier cosa, menos con la Palabra de Dios. No se puede "comer" las cosas del mundo sin volverse "mundano". Las revistas seculares, los espectáculos teatrales, la chismografía entre vecinos, las películas sensuales, al igual que tantas otras cosas, corrompen al hombre. Si ellos no se rinden por completo al Señor, todos los esfuerzos serán vanos. La victoria comienza con la entrega completa, y se pone en práctica dependiendo de Dios. No debemos esperar hasta sentirnos valiosos, merecedores, o hasta "sentirnos mejor" para pedir ayuda a Dios. No nos podemos sentir realmente mejor si Dios no obra en nosotros. La Biblia nos dice que en nuestra carne no mora el bien. **"Y yo sé que en mí, esto es, en mi carne, no mora el bien; porque el querer el bien esta en mí, pero no**

el hacerlo" (Romanos 7:18). Debemos darnos cuenta de que dependemos de Dios totalmente, desde el principio al fin. Satanás miente diciendo que debemos actuar mejor antes de ser recompensados. El caminar con el Señor no exige tal acción. Somos recompensados porque caminamos con Él, no por lo que hagamos. Nuestras obras cambian porque hemos estado con Él, y no hacemos las obras para ser merecedores de Él. Somos merecedores en el momento cuando adecuamos nuestra voluntad a la voluntad del Padre; entonces, tenemos acceso a todos nuestros derechos y bendiciones en Jesús. No debemos esperar hasta cambiar por completo para disfrutar nuestros privilegios en Cristo. Somos justificados de inmediato por la sangre de Jesús cuando nacemos de nuevo. Somos santificados a diario a medida que caminamos con Él. Seremos finalmente glorificados al encontrarnos con Él.

Si vamos a ser victoriosos, no permitamos que la mente carnal "razone alejándonos" de las respuestas del Señor a nuestros problemas. Los cristianos que escuchan la "razón" y rehúsan hacer las cosas porque "no lo sienten hacer", nunca vencerán ni serán sanos. La razón es la voz del alma, y el sentimiento es la voz del cuerpo. Si anhelamos la victoria, escuchemos la voz del Espíritu.

Para ejemplificar esto, digamos que creemos que el Señor nos sanará físicamente de un dolor de cabeza. Hemos tomado una aspirina, pero no pasó. Hemos orado y clamado Su Palabra en el **Salmo 103:3** que afirma que, **"Él es quien perdona todas tus iniquidades, Él que sana todas tus dolencias".** La mente no renovada comienza a "razonar" sobre nuestra sanidad. Mientras Satanás hace que pensamientos como los siguientes aparezcan en nuestra mente, "Realmente es una estupidez pedir a Dios que sane un dolor de cabeza. No tiene tiempo para ocuparse de estas cosas; además, está castigándote por la mentira que dijiste ayer. Jamás tuviste un dolor de cabeza tan fuerte, puede ser un tumor cerebral... ¿Y si te mueres?" El hombre físico (el cuerpo) estará de acuerdo, y que sentirá "sensación" de dolor. Si permitimos que la mente carnal (la carne) nos gobierne es probable que terminemos en cama con un terrible dolor de cabeza. Sin embargo Si escuchamos la voz del Espíritu Santo, nos sentiremos alentados a confiar en el Señor y Su Palabra. Nos hablará para que resistamos y rechacemos al diablo. Puede mostrarnos por qué tenemos el dolor de cabeza. Posiblemente hayamos permitido que el temor y la ansiedad nos controlen, poniendo la mente en los problemas en lugar de confiar en Dios. El Espíritu Santo pudiera pedirnos que le entreguemos esos problemas a Él, descansando en Él mientras llega la respuesta. Al obedecer y canalizar nuestros pensamientos de vuelta al Señor, notamos que repentinamente el dolor de cabeza desaparece.

Debemos vencer la "razón" y los "sentimientos", escuchando la voz del Espíritu Santo si queremos continuar caminando en el Espíritu. Si esperamos hasta "sentir" deseos de orar, tal vez nunca oremos. Cuando el Espíritu renueva nuestra mente, el razonamiento se afirma y agudiza porque "razonamos" de acuerdo con la Palabra de Dios y no según los falsos estándares de este mundo. El Señor no desecha la mente y el razonamiento sino que los renueva y limpia de todo lo que no es de Él. Algunos preguntan, "¿Cómo puedo decir que estoy sano, cuando sé que estoy enfermo? ¿Acaso no es esto lo que hace la Ciencia Cristiana?" La Ciencia Cristiana niega la realidad de pecado y la enfermedad y afirma que todo está en la mente; por lo tanto, si no pienso acerca de algo, simplemente eso no existe. Es completamente diferente al enfoque Bíblico frente al pecado y la enfermedad. La Biblia declara la realidad de ambos, pero nos da la respuesta en Jesús.

Debemos reconocer nuestros pecados y la enfermedad, resistiéndoles en oración porque el diablo está detrás. Debemos someternos al Señor para alcanzar sanidad y liberación, porque es Su poder el que nos dará la victoria, no lo que algunos llaman el "poder de la mente sobre la materia". Debemos entregar nuestra mente al Señor y reclamar Su sanidad y libertad. **Santiago 4:7** nos dice, **"Someteos, pues, a Dios; resistid al diablo, y huirá de vosotros"**. Confiamos en el poder de Espíritu Santo para liberarnos, no en el "control mental". Nuestro razonamiento y los sentimientos no deben alejarnos de las bendiciones divinas ni apartarnos de servir a Dios.

Si esperamos hasta que todo esté bien y sea cómodo para la carne, y entonces servir al Señor, nunca iremos muy lejos. Si escuchamos las objeciones de la mente carnal en cuanto por qué jamás podremos ser vencedores, nunca llegaremos a serlo. El hombre no regenerado no tiene la voz del Espíritu Santo hablándole, porque no es "nacido de nuevo". La voz de la conciencia es la única guía y limitación que impide pecar a los no creyentes. Ha sido dada para protección del ser humano porque, sin ningún freno, el hombre sería como un animal salvaje.

El papel de la conciencia

De hecho, aquellos que continuamente pecan y hacen lo malo, descubren que su conciencia está "endurecida" y no sienten pena por sus obras impías. El hombre que sigue al diablo con el tiempo se vuelve como él. Termina no sólo con la conciencia endurecida sino también con la mente reprobada. **"Y como ellos no aprobaron tener en cuenta a Dios, Dios los entregó a una mente reprobada, para hacer cosas que no convienen..." (Romanos 1:28)**. **"Pero el Espíritu dice claramente que en los postreros tiempos algunos apostatarán de la fe, escuchando a espíritus engañadores y a doctrines de demonios; por la hipocresía de mentirosos que, teniendo cauterizada la conciencia…" (1 Timoteo 4:1 y 2)**.

Los pecadores no son guiados a Dios por su conciencia, sino por el poder de convicción del Espíritu Santo. Él busca y la trae los perdidos hacia el Padre. La oración contribuye para que esto suceda. La conciencia del hombre habla cosas diferentes a diferentes personas, según lo que se les haya enseñado. **"Todas las cosas son puras para los puros, más para los corrompidos e incrédulos nada les es puro; pues hasta su mente y su conciencia están corrompidas" (Tito 1:15)**. Si una persona se ha criado en una atmósfera legalista, su conciencia la condenará por cosas que no son realmente no son malas en la Biblia. Por el contrario, si alguien se ha criado bajo normas liberales, muchas veces no sentirá culpa por pecados definidos. Sólo cuando el Espíritu de Dios viene a nuestra vida, Él nos habla la verdad porque es el Espíritu de Verdad. **"El Espíritu de verdad, al cual el mundo no puede recibir, porque no le ve, ni le conoce; pero vosotros le conocéis, porque mora en vosotros, y estará en vosotros" (Juan 14:17)**. Es preciso entregar al Señor todas las enseñanzas recibidas en el pasado referidas al bien y el mal, dejando que Él las purifique según Su Palabra. Podremos descubrirnos libres para hacer algunas cosas que nos enseñaron como malas y también podemos ver que deben eliminarse otras que no coinciden con Su Palabra. Deberíamos estar guiados por el Espíritu de Dios, no por nuestra conciencia. Dice **Romanos 8:14, "Porque todos los que son guiados por el Espíritu de Dios, éstos son hijos de Dios"**. La conciencia debe purificarse para que podamos oír la voz de Dios. **"¿Cuánto más la sangre de Cristo, el cual mediante el Espíritu eterno se ofreció a sí mismo sin mancha a Dios, limpiará vuestras** conciencias de obras muertas para que sirváis al Dios vivo?" **(Hebreos 9:14).** Tengamos "conciencia de Dios", y no "conciencia de pecado". No somos solamente "antiguos pecadores" salvos por la gracia, sino justicia de Dios por la fe. Vivamos conscientes de Jesús, no de los pecados del pasado.

Observando nuevamente el cuadro al final del capítulo, podemos ver el fruto que Jesús desea en la vida de nuestra alma. Al contrastarlo con el fruto de Satanás, vemos qué áreas de nuestra alma necesitan la purificación del Señor. Presentémoslas a Él y confiemos por fe en Él que venceremos. Los vencedores verán crecer en su alma el amor, el gozo, la paz, la longanimidad, la amabilidad, la bondad, la fe, la mansedumbre y la templanza. Quienes sigan estando gobernados por la mente carnal, tendrán odio, pena, ira, impaciencia, maldad, dureza, incredulidad, orgullo, excesos. Otro buen fruto como perdón versus falta de perdón, confianza versus temor, generosidad versus mezquindad, entusiasmo versus depresión será también evidente.

Quizás no hemos pensado en algunos de estos frutos negativos como provenientes del diablo. A muchos se les enseñó que estas cosas son simplemente parte de la vida y que debemos "soportar" y "cargar" con ellas hasta morir e ir al cielo. Sólo entonces llegará el alivio definitivo. Qué triste que los cristianos ignoren que pueden vivir libres de estas cosas por el sacrificio de Jesús en la cruz del Calvario. Estos frutos y emociones negativos son producto del mundo. Jesús venció al mundo por nosotros y afirmó que también seríamos vencedores por la fe. **"Porque todo lo que es nacido de Dios vence al mundo; y esta es la victoria que ha vencido al mundo, nuestra fe. ¿Quién es el que vence al mundo, sino el que cree que Jesús es el Hijo de Dios?" (1 Juan 5:4 y 5).**

La enfermedad relacionada con el pecado

Al mirar el cuadro, notamos aquellas señales externas de lo que está mal en el alma. Quizás no nos dimos cuenta de que los problemas evidentes tienen una causa de raíz. Algunas de las señales de los problemas espirituales son la enfermedad, la impureza, el desorden, la inmodestia, la pobreza, las confesiones o declaraciones negativas, la grosería, la perversión sexual, la debilidad, la timidez, la obesidad, la rebeldía y el error. Debemos tratar estos síntomas como pecados, si queremos ser libres. Después de presentarlos al Señor pidiendo perdón, escuchemos cuál es Su plan para que podamos vencerlos. Tal vez no veamos resultados inmediatos pero, al buscar al Señor cada día, Él nos dará un programa para purificar nuestro navío. Adecuemos nuestra voluntad a la voluntad de Él, y dependamos de Su poder para poner nuestro cuerpo en sujeción. Si seguimos a Dios, tenemos garantizada la victoria, **"...porque mayor es el que está en vosotros, que el que está en el mundo" (1 Juan 4:4).**

Algunos pueden ofenderse porque llamamos pecado a la enfermedad. Sin embargo, veamos qué dice la Biblia sobre esto. Trajeron a Jesús un hombre que necesitaba ser curado, y lo vemos perdonando sus pecados en vez de orar para que sea sano. Jesús trató el pecado y la enfermedad de la misma manera.

"Y sucedió que le trajeron un paralítico, tendido sobre una cama; y al ver Jesús la fe de ellos, dijo al paralítico: Ten ánimo, hijo; tus pecados te son perdonados. Entonces algunos de los escribas decían dentro de sí: Este blasfema. Y conociendo Jesús los pensamientos de ellos, dijo: ¿Por qué pensáis mal en vuestros corazones? Porque, ¿qué es más fácil, decir: Los pecados te son perdonados, o decir: Levántate y anda?" (Mateo 9:2-5).

Si la enfermedad es un pecado, debemos tratarla como a la tentación. Cuando somos tentados a robar o mentir, resistimos y recurrimos a Jesús para que nos guarde de estos pecados. Lo mismo debemos hacer con la enfermedad. Cuando Satanás intenta poner enfermedad en nosotros, resistámosle en el nombre de Jesús y acudamos a Dios para que nos guarde de recibir este mal en nuestra vida.

Pablo tuvo un problema con la enfermedad y la debilidad al principio de su ministerio -- pero no era su "aguijón en la carne"; sin embargo, la gente lo recibía y oraba por él sin tener en cuenta tales problemas. Debemos tener idénticas compasión y amor por aquellos que sabemos que aún no han recibido sanidad física. Es gente que no conoce sus derechos en el Señor, o no ha luchado para lograr la victoria. Pablo no fue "despreciado" porque tenía una enfermedad. Tampoco deberíamos hacerlo nosotros con los demás o decir que no tienen fe. Debemos aceptarlos en amor y estar a su lado hasta que reciban la sanidad. Pablo, cuando creció en Dios, se transformó en vencedor. Solo porque nuestro problema particular no sea una enfermedad física, no quiere decir que no tenemos otros problemas para enfrentar y vencer. Todos batallamos con diferentes tentaciones. La enfermedad es sólo una de ellas.

Pablo llamaba tentación a su enfermedad de la carne. **"Pues vosotros sabéis que a causa de una enfermedad del cuerpo os anuncié el evangelio al principio; y no me despreciasteis ni desechasteis por la prueba que tenía en mi cuerpo, antes bien me recibisteis como a un ángel de Dios, como a Cristo Jesús"** (Gálatas 4:13 y 14). Si Pablo llamaba tentación a su enfermedad, vemos que la trataba como la Biblia dice que lo hagamos con el pecado y la tentación. Dios nunca tienta al hombre, por lo que sabemos que la enfermedad no puede provenir de Dios.

Santiago 1:13-17 dice que:

Cuando alguno es tentado, no diga que es tentado de parte de Dios; porque Dios no puede ser tentado por el mal, ni él tienta a nadie; sino que cada uno es tentado, cuando de su propia concupiscencia es atraído y seducido. Entonces la concupiscencia, después que ha concebido, da a luz el pecado; y el pecado, siendo consumado, da a luz la muerte. Amados hermanos míos, no erréis. Toda buena dádiva y todo don perfecto desciende de lo alto, del Padre de las luces, en el cual no hay mudanza, ni sombra de variación.

La Biblia hace hincapié al hecho de que no debemos errar pensando que la enfermedad viene de Dios, porque todo don bueno, todo regalo perfecto viene de lo alto. La enfermedad no es buena ni perfecta. La enfermedad conduce a la muerte tal como el pecado, según estos versículos. Dios quiere que Su pueblo esté bien. La enfermedad proviene de Satanás. En la Palabra de Dios tenemos la promesa de que, si le seguimos, podemos ser sanos. **"Y la oración de fe salvará al enfermo, y el Señor lo levantará; y si hubiera cometido pecados, le serán perdonados"** (Santiago 5:15).

Jesús vino como el Gran Médico a ministrar sanidad a Su pueblo. **"Al oír esto Jesús, les dijo; Los sanos no tienen necesidad de médico, sino los enfermos. No he venido a llamar a justos, sino a pecadores"** (Marcos 2:17). Una vez más, el Señor une enfermedad y pecado. Cuando estamos sanos por completo en espíritu y alma, podemos tener un cuerpo sano porque lo físico debe seguir al espíritu y el alma. Clamemos en voz alta por esta sanidad del alma para experimentar la sanidad total. Vemos a David haciendo esta clase de oración en el **Salmo 41:4, "Yo dije: Jehová, ten misericordia de mí; sana mi alma, porque contra ti he pecado"**. Si estamos enfermos ahora, no permitamos que el diablo nos condene sino que busquemos al Señor para que nos purifique y sane. Estar enfermo no es diferente a otros pecados como el temor, el mal humor, el sobrepeso o la culpa. Jesús quiere que vivamos libres de estas cosas, porque nos ama y anhela que caminemos en salud total, es decir, en el espíritu, el alma y el cuerpo. Si tenemos un problema en cualquier área, esto nos afecta en otras porque no podemos dividir al hombre.

La enfermedad física nos impide alabar y adorar a Dios como quisiéramos hacerlo. La enfermedad del alma (mente, emociones y voluntad) también afecta nuestro culto racional a Él y nuestro amor al Señor, y muchas veces causa depresión. La enfermedad espiritual (falta de comunión con Dios) hace que el alma carezca de gozo y paz. Somos un ser triunfo diseñado para funcionar como unidad. La forma en que Dios diseñó al hombre para que operara al máximo de su potencial es con el espíritu regenerado controlando el alma (mente, emociones y voluntad) con el cuerpo en sujeción a ambos. Si este orden se viola, invariablemente el hombre funciona de modo anormal y por debajo del potencial que Dios le dio. Para realinear nuestra naturaleza, debemos comenzar con el espíritu o con el corazón del hombre. Esto debe estar en orden para que el resto de la vida del hombre pueda estar completa. El paso inicial es "nacer de nuevo" recibiendo el Espíritu de Vida. Después debemos pedir la limpieza de nuestro corazón. Esto debe continuar hasta que verdaderamente podamos decir que amamos al Señor con todo el corazón, y que nada hay más importante que Él en nuestra vida. Este es el primero y más grande de los mandamientos, que amemos al Señor con todo el corazón, el alma y la mente. **"Maestro, ¿cuál es el gran mandamiento en la ley? Jesús le dijo: Amarás al Señor tu Dios con todo tu corazón, y con toda tu alma, y con toda tu mente. Este es el primero y grande mandamiento"** (Mateo 22:36-38). El Señor sabía que el pecado estaba en el corazón humano y que, hasta no limpiarlo, el hombre seguiría fallando a Dios.

La naturaleza del pecado

El pecado no está en las cosas. Las cosas que por sí mismas no tienen ningún poder para pecar. El whisky no puede pecar, tampoco la televisión. El tabaco no puede pecar. Nada se logra predicando contra tales cosas. El pecado está en el corazón del hombre. A través de sus elecciones y lo que hace con las cosas, el hombre las hace malas. No es la televisión lo malo, sino lo que el hombre produce y lo que mira. Si le quitamos la televisión a un hombre, no estaremos sacando su pecado porque éste permanecerá en su corazón. Dios anhela que el hombre sea capaz de rechazar el mal que viene a través de la televisión, no que la destruya. Dios quiere que el hombre elija lo bueno y se aparte del mal. El Señor no nos forzará a hacerlo, pero es Su deseo que lo hagamos. Dios jamás viola la voluntad propia del ser humano. No es la voluntad de Dios que alguien perezca y se condene en el infierno. Él quiere que todos los hombres se vayan al cielo porque nos ama. No obstante, no obliga a nadie a ir al cielo. Si el hombre elige condenarse, Dios le permitirá ir donde el desee. **"El Señor no retarda su promesa, según algunos la tienen por tardanza, sino que es paciente para con nosotros, no queriendo que ninguno perezca, sino que todos procedan al arrepentimiento" (2 Pedro 3:9).** Dios no quiere que una persona viva enferma o con desequilibrios emocionales. Su voluntad es que todos estemos sanos. Jesús sanaba a todos los que se acercaban a Él, a ninguno rechazaba. Su sacrificio y Su muerte no sólo nos sanaron del problema del pecado sino también de los problemas físicos. **"Y cuando llegó la noche, trajeron a él muchos endemoniados; y con la palabra echó fuera a los demonios, y sanó a todos los enfermos; para que se cumpliese lo dicho por el profeta Isaías, cuando dijo: El mismo tomó nuestras enfermedades, y llevó nuestras dolencias" (Mateo 8:16 y 17).**

Si Jesús las tomó por nosotros, ya no tenemos esas enfermedades.

La salvación del pecado y la enfermedad

Al comprender de dónde viene la enfermedad, entendemos cómo librarnos de ella. La Palabra de Dios revela que la enfermedad se originó con el pecado y que ahora Satanás se encarga de difundirla. La Palabra enseña que el perdón del pecado y la sanidad del cuerpo van juntos. Es tan fácil recibir de Dios la sanidad como lo es recibir el perdón de los pecados. Uno de los objetivos principales de Satanás es desacreditar a Dios enfermando nuestro cuerpo. Por ser creados a imagen de Dios, estamos atrapados en medio de una batalla espiritual. Satanás es cual león rugiente que busca a quien devorar. **1 Pedro 5:8 dice, "Sed sobrios, y velad; porque vuestro adversario el diablo, como león rugiente, anda alrededor buscando a quien devorar".** Satanás, si se lo permitimos, nos devorará con enfermedades y dolencias. Nuestra grandiosa ventaja es que Dios envió a Su Hijo para destruir las obras de

la maldad. **"El que practica el pecado es del diablo; porque el diablo peca desde el principio. Para esto apareció el Hijo de Dios, para deshacer las obras del diablo"** (1 Juan 3:8).

Cuando Jesús derramó la sangre en la cruz por nuestra salvación del pecado, también cargó sobre el cuerpo las heridas por nuestras enfermedades para que pudiéramos ser sanos. Jesús padeció el castigo de los látigos romanos y, prácticamente, la piel en Su espalda fue despedazada. Estas eran las heridas a través de las cuales somos sanos, según afirman Isaías y Pedro. **"Quien llevo él mismo nuestros pecados en su cuerpo sobre el madero, para que nosotros, estando muertos a los pecados, vivamos a la justicia; y por cuya herida fuisteis sanados"** (1 Pedro 2:24). Si nuestro cuerpo está enfermo no podemos servir a Dios como Él quiere. El Señor desea que estemos sanos en espíritu, alma y cuerpo. Él quiere que esta salud integral siga derramándose hasta que toda nuestra familia esté sana y también lo esté todo el cuerpo de Cristo. Quienes están caminando en la salud física, no deberían "señalar con el dedo" a los que aún están enfermos, sino sostenerlos para que reciban su sanidad. Aquellos que están todavía enfermos, no deben sentirse condenados si buscan a Dios para Su recuperación. Nuestras respuestas no siempre llegan de inmediato, por lo cual no nos desalentemos ni caminemos como creyentes derrotados. Levantémonos por encima de los problemas seguros de que, si permanecemos fieles a Jesús, los problemas se solucionarán.

No permitamos que el enemigo diga algo fuera de lugar sobre nuestra posición en Cristo. Intentará desalentarnos diciéndonos que nunca seremos sanos, que jamás seremos vencedores. Uno de las tretas favoritas de Satanás cuando alguien busca a Dios para curarse, es recordarle a alguien que, habiendo creído en la sanidad, en vez de sanar, empeoró o murió. El diablo trata de convencernos de que esa persona era mejor cristiano que nosotros y que, por lo tanto, ¿cómo esperar que Dios nos sane? Jamás basemos la respuesta a nuestras peticiones en lo que otras personas recibieron o no recibieron. La experiencia del hombre debe juzgarse a la luz de la Palabra de Dios, no la Palabra de Dios a la luz de las experiencias del hombre. Cuando otros fracasen, recordemos que no significa que nosotros debamos fracasar. Quizás no entendamos por qué otros no fueron sanos, pero únicamente Dios ve el corazón del hombre. Entreguemos a Él todos esos cuestionamientos e interrogantes. Debemos confiar en Su Palabra y permitamos que el Señor nos muestre el camino que debemos recorrer. Nuestros ojos deberían estar siempre en

Jesús, no en el hombre. Porque el ser humano falla, pero Jesús jamás nos fallará.

Cuando queremos sanar, lo primero es buscar a Jesús por quién es Él, no sólo por lo que puede hacer. Busquemos a Jesús el Sanador, no al Sanador que es Jesús. La sanidad es el pan para los hijos de Dios, lo recibiremos al seguirlo. A una mujer gentil que lo buscaba por la sanidad de su hija, Jesús le respondió:

"No está bien tomar el pan de los hijos, y echarlo a los perrillos. Y ella dijo: Si, Señor; pero aun los perrillos comen de las migajas que caen de la mesa de sus amos. Entonces respondiendo Jesús, dijo: Oh mujer, grande es tu fe; hágase contigo como quieres. Y su hija fue sanada desde aquella hora" (Mateo 15:26-28). Si los pecadores pueden recibir las migajas (muchos son salvos y sanos en el mismo momento) aquellos que desde hace años conocen a Dios tienen, ciertamente, derecho a la sanidad. Pidamos al Señor que nos renueve la mente hasta ser capaces de recibir, al igual que aquella pequeña mujer Sirofenicia, es decir, gentil. Estaba dispuesta a considerarse como un perro si era necesario, para recibir las bendiciones de Dios. Muchos son demasiado orgullosos para acercarse a Él como esa mujer lo hizo, y por ello aún no han recibido nada. Es más fácil conservar la enfermedad que admitir que, tal vez, su doctrina ha estado errónea. Acerquémonos con un corazón humilde para recibir de nuestro Señor.

Jesús se refería a Sí mismo como "el pan de vida" y quienes comieran de este pan vivirían para siempre. Cuando la vida de Cristo Jesús fluye en nosotros, produce sanidad.

"Yo soy el pan vivo que descendió del cielo; si alguno comiere de este pan, vivirá para siempre; y el pan que yo daré es mi carne, la cual yo daré por la vida del mundo. Entonces los judíos contendían entre sí, diciendo: ¿Cómo puede éste darnos a comer su carne? Jesús les dijo: De cierto, de cierto os digo: Si no coméis la carne del Hijo del Hombre, y bebéis su sangre, no tenéis vida en vosotros" (Juan 6:51-53).

Solo quienes tienen entendimiento espiritual pueden comprender el significado de las palabras de Jesús. El sacrificio de Su vida en la cruz fue el pago, el precio de los pecados de toda la humanidad. Su sangre derramada y Su carne lacerada dan vida a quienes lo aceptan como Salvador. Es un grandioso misterio la razón que fue necesaria sacrificar una vida inocente por tus pecados y los míos. Intelectualmente no podemos comprender el sufrimiento vicario del Señor, ni por qué este es el plan por el cual la salvación vendría. Las religiones que no aceptan la obra sacrificial de Jesucristo se han vuelto meras teologías "sin sangre" carentes de poder. Como las escrituras dicen eh **Hebreos 9:22, "...y sin derramamiento de sangre no se hace remisión"**.

La sangre de Jesús

El Señor me dio una hermosa analogía acerca de lo que la sangre de Jesús hace por nosotros. Fue algo particularmente significativo para mi formación en el campo de la medicina. Como técnico de laboratorio, una de mis primeras tareas en el laboratorio consistía en examinar y analizar las muestras de sangre de los pacientes. La revelación que Él me dio establece una comparación entre la sangre humana y la sangre de Jesús. La función de la sangre en nuestro cuerpo es mantenerlo saludable y vivo. Lo mismo sucede con la sangre de Jesús. Su sangre mantiene el cuerpo de Cristo saludable y vivo.

Otra de las principales funciones de la sangre en el cuerpo humano es facilitar la purificación del sistema. Es también uno de los propósitos fundamentales de la sangre de Jesús. Como miembros del cuerpo de Cristo, necesitamos purificación al venir al Señor. Este proceso purificador o de limpieza es una operación que continúa mientras caminamos con el Señor, de modo que permanezcamos libres de pecado.

"Pero si andamos en luz, como él está en luz, tenemos comunión unos con otros, y la sangre de Jesucristo su Hijo nos limpia de todo pecado. Si decimos que no tenemos pecado, nos engañamos a nosotros mismos, y la verdad no está en nosotros. Si confesamos nuestros pecados, él es fiel y justo para perdonar nuestros pecados, y limpiarnos de toda maldad" (1 Juan 1:7-9).

La sangre del cuerpo humano aporta dióxido de carbono a los pulmones para ser exhalado e intercambiado por el oxígeno necesario para el cuerpo. Esto sucede a través del latido cardíaco que bombea la sangre por las arterias hacia todo el sistema. Las venas son los vasos sanguíneos que devuelven la sangre al corazón y los pulmones, mientras las arterias la llevan nuevamente al cuerpo. La mayoría de la gente a quienes les extraía sangre con una aguja y una jeringa, comentaba lo oscura que era la sangre como la iba sacando. Siempre les explicaba que era sangre extraída de una vena, llena de impurezas y carente de oxígeno. Por eso la veían oscura. Es el oxígeno lo que da a la sangre el color rojo brillante. En accidentes donde un navío sanguíneo resulta severamente dañado, puede determinarse si es una vena o una arteria según el color de la sangre y el flujo en el punto de la herida. Si una arteria se ha lastimado gravemente, la sangre será roja y se derramará con cada latido cardíaco; pero si es una vena, el color será rojo oscuro, negruzco.

La sangre de Jesús nos limpia

Así como el cuerpo necesita limpieza, también precisamos esa obra purificadora en el alma y el espíritu. Cuando el Espíritu Santo nos indica un pecado, debemos arrepentirnos y confesar ese pecado para limpiarnos de él. La escritura antes mencionada dice que si caminamos en la luz, porque Él está en la luz, estaremos en comunión unos con otros. Como cristianos, si hemos roto la comunión con otro miembro del cuerpo de Cristo, uno o ambos deben estar andando en tinieblas y pecado. Dios nunca divide ni separa Su cuerpo. Debemos esforzarnos siempre por caminar en paz y armonía con todos los hermanos y las hermanas en Cristo. Puede haber quienes se nieguen a tener comunión con nosotros, debemos dejarlos en las manos del Señor y orar por ellos. No obstante, debemos estar seguros de que no hay nada de nuestra parte impidiendo la comunión porque, de lo contario, seríamos culpables de "caminar en las tinieblas".

Si algunos son rebeldes y rehúsan "caminar en la luz", los líderes de la iglesia buscarán al Señor para saber cómo manejar el problema. Quizás El Señor pida a la comunidad que ore y ayune por tales personas. El Espíritu de Cristo siempre busca reconciliar cualquier división. Demanda que los que son fuertes soporten las cargas de los más débiles; el Señor hará que los más maduros oren y amen a los inmaduros. Si las partes involucrados en el conflicto se pusieran la naturaleza de Cristo en esos momentos, Él hará que resulte en victoria.

No estamos para defender nuestra posición, sino para confiar en Dios que nos defenderá cuando hemos sido injustamente acusados. Replicar con palabras y sentimientos hostiles sólo complica las cosas. Debemos pedir la gracia y el amor de Dios hacia aquellos que oponen a nosotros. Tenemos que reconocer que es el enemigo quien opera contra nuestro matrimonio, nuestro hogar, las amistades, nuestra iglesia. La dependencia de Dios sus herramientas son el único camino para alcanzar la victoria. Si vamos a dejar que el Señor nos limpie y nos purifique, debemos rendirnos por completo a Él, abriéndonos a lo que Él haga ante esas situaciones difíciles.

"Así que, si alguno se limpia de estas cosas, será instrumento para honra, santificado, útil al Señor, y dispuesto para toda buena obra. Huye también de las pasiones juveniles, y sigue la justicia, la fe, el amor y la paz, con los que de corazón limpio invocan al Señor. Pero desecha las cuestiones necias e insensatas, sabiendo que engendran contiendas. Porque el siervo del Señor no debe ser contencioso, sino amable para con todos, apto para enseñar, sufrido; que con mansedumbre corrija a los que se oponen, por si quizá Dios les conceda que se arrepientan para conocer la verdad, y escapen del lazo del diablo, en que están cautivos a voluntad de él" (2 Timoteo 2:21-26).**

La sangre de Jesús no solamente limpia el cuerpo, sino que **Hebreos 9:14** dice, **"¿Cuánto más la sangre de Cristo... limpiará vuestras conciencias de obras muertas para que sirváis al Dios vivo?"** El Señor desea que toda la maldad del corazón, el alma y la mente sean quitadas para que podamos tener la mente de Cristo.

Este proceso purificador se realiza aplicando la Palabra de Dios a nuestra vida. **"Ya vosotros estáis limpios por la palabra que os he hablado" (Juan 15:3).** Al permanecer en comunión con la Palabra (Jesús) y leer la Palabra (la Biblia) se nos hará limpios. Cuando más conozcamos y apliquemos la Palabra de Dios, seremos navíos más limpios. La Palabra del Señor limpia la sangre de Jesús. Cuando Él ofrendó Su sangre, lo hizo para que tú y yo pudiéramos ser navíos limpios y santos.

La vida está en la sangre

La sangre de Jesús también da vida, tal como la sangre de nuestro cuerpo físico. **"Pero carne con su vida, que es su sangre, no comeréis" (Génesis 9:4).** Aquellos quienes no conocen al Señor Jesús están muertos y no tienen vida en ellos. También, los que rechazan a Cristo jamás tendrán vida en ellos.

"Jesús les dijo: De cierto, de cierto os digo: Si no coméis la carne del Hijo del Hombre, y bebéis su sangre, no tenéis vida en vosotros...El que come mi carne y bebe mi sangre, en mí permanece, y yo en él" (Juan 6:53 y 56). Todo lo que no es vida no proviene del Señor. Muerte y enfermedad son los enemigos del hombre.

Juan 10:10 cita estas palabras de Jesús, "**El ladrón no viene sino para hurtar y matar y destruir; yo he venido para que tengan vida, y para que la tengan en abundancia**". Si no aceptamos la vida de Cristo, la muerte eterna será el resultado. Así como la vida escapa cuando la sangre se derrama fuera del cuerpo natural, lo mismo sucede con quienes no tienen el flujo divino en sus venas.

El pecado demanda derramamiento de sangre

Bajo la ley del Antiguo Testamento, la pena para los pecados humanos que no eran castigados con la muerte, consistía en el sacrificio de un animal. El derramamiento de sangre era necesario para redimir sus pecados. Quizás nos preguntemos por qué Dios exigía algo tan terrible.

¿Por qué inocentes y pequeños corderitos y palomas eran sacrificados, derramándose la sangre sobre el altar? Quizás podamos comprenderlo si nos ponemos nosotros en la situación de recibir instrucciones para matar un animal inocente, porque hemos mentido o cometido otro pecado. Cuando alguien debe sacrificar un inocente animal por causa de su pecado, ilustra lo terrible que es el pecado. Dios quería que el hombre entendiera que, cuando pecaba, ese hecho significaba la muerte de algo o de alguien.

Si aún estuviéramos bajo la ley del Antiguo Testamento, se nos demandaría matar un corderito por nuestros pecados. Esto sería muy difícil para la mayoría de nosotros porque nos haría temblar solo al pensar de sacrificar a un inocente. El Señor quería que nos diéramos cuenta de lo que la pena del pecado demandaba. Cuando la gente tomaba una paloma para presentarla como ofrenda sacrificial en el altar por su pecado, el impacto del pecado se hacía real para ellos. El pecado siempre exige un sacrificio. Hoy en día tenemos el Espíritu de Dios que nos limpia de nuestros pecados cuando los confesamos. Jesús fe el cardero sacrificado desde el principio del mundo, y su muerte y sangre derramada pagó el precio por el pecado de una vez por todas. Ya no se necesita el sacrificio de un animal para ser ofrecido por nuestros pecados.

Hoy tenemos el Espíritu de Dios que nos limpia de nuestros pecados cuando los confesamos. Jesús fue el manso cordero sacrificado desde la fundación del mundo, y Su muerte y Su sangre derramada fueron el precio que se pagó por el pecado ¡una vez y para siempre! Ahora no es necesario ofrecer un animal para la remisión de los pecados.

"Holocaustos y expiaciones por el pecado no te agradaron. Entonces dije: He aquí que vengo, oh Dios, para hacer tu voluntad, como en el rollo del libro está escrito de mí. Diciendo primero: Sacrificio y ofrenda y holocausto y expiaciones por el pecado no quisiste, ni te agradaron (las cuales cosas se ofrecen según la ley), y diciendo luego: He aquí que vengo, oh Dios, para hacer tu voluntad; quita lo primero, para establecer esto último. En esa voluntad somos santificados mediante la ofrenda del cuerpo de Jesucristo hecha una vez para siempre (Hebreos 10:6-10).

La sangre de Jesús de salud y fortaleza

Otra función de la sangre humana es la capacidad de brindar sanidad al cuerpo. Nuestra sangre se compone de algo más que simples glóbulos rojos. En realidad, más de la mitad de ella (55%) no es roja, sino un líquido claro que se llama plasma cuyo 92% es agua. El otro 8% incluye numerosas sustancias esenciales para mantener el cuerpo saludable. Son las proteínas, hormonas, vitaminas, enzimas y sales. Si el cuerpo enfermara, la sangre alteraría su estado de normalidad para adaptarse a la situación y favorecer la sanidad. Los glóbulos blancos o leucocitos son los defensores de primera línea en el organismo frente a los invasores bacterianos. Al entrar las bacterias, los glóbulos blancos se multiplican en gran escala. Viajan hacia la infección y consumen a los invasores.

En lo espiritual, la sangre de Jesús hace lo mismo por el cuerpo de Cristo. Cuando el diablo invade, el Espíritu Santo está listo para venir en nuestra ayuda ofreciendo la sanidad necesaria. El Señor desea que caminemos en salud divina. Si vivimos en íntima comunión con Él, veremos que nuestro hombre espiritual no enferma ni desmejora, y no necesitará continua sanidad. Satanás trata de robarnos nuestra fortaleza espiritual debilitándonos hasta que no podamos ofrecer resistencia ante sus ataques. El permanecer en la corriente del Espíritu de Dios impide esto, porque tenemos Su fortaleza para vencer y caminar en victoria.

El cuerpo natural se debilita cuando descuidamos la dieta y el descanso adecuados. Esto da lugar a una condición que comúnmente se denomina "sangre cansada", cuyo nombre científico es anemia, y se debe a la falta de hierro en los glóbulos rojos. El compuesto de hierro, presente en los glóbulos rojos, se conoce como hemoglobina. Cuando esté baja, el cuerpo se debilita y fatiga. La sangre transporta este compuesto a todas partes del cuerpo para vigorizarlo, darle fuerza y energía.

Como cristianos, se nos advierte, "**...fortaleceos en el Señor, y en el poder de su fuerza**" **(Efesios 6:10)**. La debilidad es simplemente otro ataque del enemigo. Tenemos que ser fuertes en el espíritu, el alma y el cuerpo. Los cristianos no debemos ser individuos débiles, sin energía, sino fuertes y firmes en nuestro testimonio del Señor. Timidez y vergüenza pueden vencerse con Jesús, pidiéndole que nos imparta Su santa audacia, firmeza y dinamismo. Muchos sufren innecesariamente, incapaces de comunicar aquello que guardan en el corazón porque son temerosos y tímidos. Jesús quiere librarlos. Seamos un pueblo fuerte, no individuos débiles. Físicamente también podemos pedir ayuda al Señor para que nos fortalezca cada vez que estamos debilitados. No tenemos que caminar en nuestra debilidad sino en la fortaleza del Señor. "**Fortaleced las manos cansadas, afirmad las rodillas endebles**" **(Isaías 35:3)**. La debilidad es otro aspecto el cual debemos resistir y aprender a pedir la fortaleza del Señor. Por supuesto que sí hemos sometido el cuerpo a excesos, es necesario corregir los hábitos y descansar y alimentarse correctamente. No obstante, si hemos estado actuando así, el verdadero problema puede ser espiritual y necesita tratarse mediante oración. Cuando participamos de los negocios del Señor, Él nos da energía y vitalidad para realizar aquello que requiere nuestra atención.

Recordemos que, al entregar nuestra vida al Señor, todo lo que hacemos se transforma en Su negocio. No es necesario servir al Señor como ministro Suyo para estar a Su servicio y pedir Su poder. Las personas comunes y corrientes son mucho más cuando se convierte hijos e hijas de Dios. Lo normal para los hijos del mundo, no lo es para el cuerpo de Cristo. Nuestros valores están confundidos porque no buscamos en la Palabra de Dios las normas y los estándares para nuestra vida. No es normal que un cristiano sea débil, temeroso, depresivo, angustiado, o viva enfermo. Estas cosas son anormales para el pueblo de Dios. Pero son tantos los hijos de Dios que aceptaron las normas y los modelos del mundo, que hoy caminan muy por debajo de sus privilegios.

Ejemplos de esto serían la aceptación de las náuseas y la debilidad durante el embarazo, las oleadas de calor y frio menopáusicos, la fiebre mientras le salen los dientes a los bebés, la molestia y depresión en los días de menstruación. Como cristianos no debemos aceptar estos hechos como normales, sino rechazarlos en el nombre de Jesús recibiendo Su sanidad. Confesemos la fortaleza y la sanidad de Dios en lugar de confesar continuamente el cansancio y la enfermedad. **Joel 3:10** declara, **"...diga el débil: fuerte soy"**.

También las personas pueden sentirse débiles y enfermizas por tomar la comunión del Señor sin examinarse antes para ver si hay pecado en su vida.

"Y habiendo dado gracias, lo partió, y dijo: Tomad, comed; esto es mi cuerpo que por vosotros es partido; haced esto en memoria de mí. Asimismo tomó también la copa, después de haber cenado, diciendo: Esta copa es el nuevo pacto en mi sangre; haced esto todas las veces que la bebiereis, en memoria de mí. Así, pues, todas las veces que comiereis este pan, y bebiereis esta copa, la muerte del Señor anunciáis hasta que él venga. De manera que cualquiera que comiere este pan o bebiera esta copa del Señor indignamente, será culpado del cuerpo y de la sangre del Señor. Por tanto, pruébese cada uno a sí mismo, y coma así del pan, y beba de la copa. Porque el que come y bebe indignamente, sin discernir el cuerpo del Señor, juicio come y bebe para sí. Por lo cual hay muchos enfermos y debilitados entre vosotros, y muchos duermen" (1 Corintios 11:24-30).

La comunión es uno de los sacramentos de la iglesia que simboliza la comunión espiritual con el Señor. El motivo para examinarnos antes de beber el vino y comer el pan es para que no haya nada en nuestro corazón impidiendo la comunión con Dios. Si no tenemos una correcta relación con los otros miembros del cuerpo del Señor, tampoco podemos tenerla con Dios.

"Si alguno dice: Yo amo a Dios, y aborrece a su hermano, es mentiroso. Pues el que no ama a su hermano a quien ha visto, ¿cómo puede amar a Dios a quién no ha visto? Y nosotros tenemos este mandamiento de él: El que ama a Dios, ame también a su hermano" (1 Juan 4:20 y 21).

Si hemos estado tomando la sangre de Cristo (permaneciendo en Su Espíritu) y comiendo Su carne (asimilando Su Palabra) tenemos bendita comunión con el Padre. Caminaremos en salud y fortaleza porque es la bendición y la promesa del Señor. Si no andamos en Él, nuestro cuerpo espiritual pierde salud y comenzamos a tener problemas.

Existe una enfermedad de la sangre que se llama leucemia que ataca a alguna gente. Se manifiesta cuando los glóbulos blancos empiezan a multiplicarse con excesiva rapidez. En condiciones normales, un hombre solo tiene alrededor de 5.000 glóbulos blancos por cada 5.000.000 de rojos en cada milímetro cúbico de sangre. Cuando se detecta un cambio drástico, indica que hay una enfermedad en el cuerpo. La leucemia es causada por células cancerosas fuera de control y están en rebeldía.

Cuando somos rebeldes con Dios, sucede lo mismo en nuestra vida espiritual. El cáncer espiritual puede consumir nuestra vida. Pidamos al Padre que nos libre de toda rebeldía y sometámonos a Su voluntad para permanecer sanos. En **1 Samuel 15:23** leemos, **"Porque como pecado de adivinación es la rebelión y como ídolos e idolatría la obstinación. Por cuanto tú desechaste la palabra de Jehová, él también te ha desechado..."**. Debemos rendirnos al Señor para vivir sanos espiritual y físicamente. El Señor nos ministrará lo que necesitemos para permanecer en la condición espiritual correcta.

Alimentados a través de la sangre

Otro propósito de la sangre es la distribución de los nutrientes necesarios a todas partes del cuerpo. A causa de lo que la sangre de Jesús nos consiguió para nosotros, recibimos también nutrientes espirituales. El plasma sanguíneo transporta proteínas, hormonas, vitaminas, enzimas y sales por todo el cuerpo. Dios nos alimenta a través de Su Palabra despertando (dando vida) a la palabra correcta para nosotros. Si necesitamos consuelo, Él nos mostrará las escrituras en Su Palabra que nos darán consuelo. Como el Espíritu Santo es el Consolador, Él lo traerá a nuestro espíritu. Cuando estamos sometidos a Él, recibimos el alimento de la palabra correcta para que podamos crecer en el Señor. Si no estamos sometidos, podemos estar desbalanceados en nuestras vidas espirituales. Lo mismo es verdad en el cuerpo físico. Si hay diabetes es porque la producción de azúcar en sangre es muy alta y el cuerpo sufre por esta condición. La Palabra de Dios escrita debe estar equilibrada por el Espíritu de Dios. La letra muerta de la ley matará y traerá muerte, pero el Espíritu da vida. **2 Corintios 3:6** declara, **"El cual asimismo nos hizo ministros competentes de un nuevo pacto, no de la letra sino del espíritu; porque la letra mata, más el espíritu vivifica"**. Cuando estamos fuera de equilibrio, nos enfermamos espiritualmente. Confiemos siempre en Jesús que nos ofrece la verdad y la vida. En lo espiritual, como en lo natural, no sólo debemos guardar la dieta adecuada sino también practicar los ejercicios correctos.

Conocer la Palabra de Dios no es suficiente; debemos aplicarla para que dé resultados. Muchos se vuelven glotones espirituales escuchando las buenas enseñanzas una y otra vez, pero no aplican la verdad a su propia vida. Debemos usar lo que oímos. Se nos instruye a ser no solamente oidores de la Palabra sino hacedores de ella. **"Así que la fe es por el oír, y el oír, por la palabra de Dios" (Romanos 10:17). "Pero sed hacedores de la palabra, y no tan solamente oidores, engañándoos a vosotros mismos" (Santiago 1:22).** Aplicando la sangre de Jesús a nuestra vida, tendremos Su vida.

Protección a través de la sangre

Otro beneficio de la sangre es la protección. No significa que repitiendo una y otra vez "la sangre de Jesús" no seremos dañados. Algunos inventaron un fetiche con la sangre de Jesús, invocando esa sangre sobre ellos, su casa, derramándola aquí y allá. No es el repetir la expresión "la sangre de Jesús" lo que da protección, sino la fe en lo que la sangre de Jesús hizo por nosotros. Expresiones como "el diablo no puede cruzar la línea de la sangre" son inútiles si nuestra fe personal no está en la protección que asegura el derramamiento de la sangre de Jesús en la cruz del Calvario. Es lo que está detrás de la sangre, no el mero mencionarla, lo que nos da protección. Por supuesto que podemos expresar nuestra fe en la sangre de Jesús y, mientras lo hacemos, hay poder en esas palabras. Pero debemos comprender que hablar simplemente no basta si una fe auténtica en el Señor Jesucristo no respalda nuestras palabras.

Encontramos un hermoso ejemplo de esto en **Éxodo 12:13, "Y la sangre os será por señal en las casas donde vosotros estéis; y veré la sangre y pasaré de vosotros, y no habrá en vosotros plaga de mortandad cuando hiera la tierra de Egipto".** Cuando el Señor envió la plaga para destruir a los egipcios porque rehusaban dejar en libertad a los israelitas, instruyó a Su pueblo para que sacrificara un cordero y colocara su sangre en los dos postes y el dintel de sus casas, para que el ángel de la muerte no entrara a esa casa. Porque tenían fe en Dios y obedecieron Su mandato, todos los que estaban en esas casas se salvaron.

Pacto de sangre para el hogar

Hoy, nuestra fe en la sangre del Señor puede traer salvación a nuestros hogares también. Si algún ser querido no es salvo, recordemos que podemos reclamar su alma y creer en su salvación como sucedió en aquella primera Pascua en Egipto. Era "un cordero por una casa". Un miembro de la familia derramaba la sangre en la puerta y todos los que estaban bajo ese techo estaban a salvo, porque el pacto de Dios era con ellos. Aquel pacto aún es válido hoy en día.

Rahab es otro hermoso ejemplo del Señor salvando toda una familia por la fe de una mujer. Por fe, Rahab ató el cordón de grana, un tipo de la sangre de Cristo, a la ventana salvando a todos sus familiares **(Josué 2:18)**.

En el Nuevo Testamento hay un relato sobre un carcelero de Filipos que, con todo el ser, exclamó ante Pablo y Silas, **"Señores, ¿qué debo hacer para ser salvo? Ellos respondieron Cree en el Señor Jesucristo, y serás salvo, tú y tu casa" (Hechos 16:30-31)**.

Hay promesa de redención para nuestra familia, si creemos. El ángel aseguró a Cornelio que Pedro le hablaría sobre como él y toda su familia deberían salvarse. **"Palabras por las cuales serás salvo tú, y toda tu casa" (Hechos 11:14)**.

¿Cuáles son las condiciones para que este "pacto de sangre" se concrete en la vida de los que amamos? En primer lugar, consagrar nuestra vida totalmente a Dios. Luego presentar este asunto al Señor, reclamando específicamente la salvación de nuestros seres queridos. Al reclamarlos, permitamos que el Espíritu Santo nos guíe en la manera de orar por cada uno. Algunos son guiados a orar con gemidos y llanto; otros con ayuno, porque rompe el dominio de Satanás. Para otros, el reclamo de una fe firme para su alma será el camino que los traiga al reino. Si estamos intercediendo por nuestros hijos, recordemos que primero debemos, **"...criadlos en disciplina y amonestación del Señor" (Efesios 6:4)**. Es necesario crear una buena base enseñándoles la Palabra de Dios. Si ya son mayores, y no hicimos esto porque no caminábamos en la luz del Dios en ese tiempo, arrepintámonos y pidamos al Señor que, en Su misericordia, los salve. No dejemos que Satanás nos condene después de arrepentirnos, confiemos en que el Señor redimirá esos años perdidos. Dios puede, no importa cuán profundo llegaron en el pecado nuestros rebeldes hijos. Luego, dejemos nuestros seres queridos en las manos del Señor, confiando en que Él los atraerá.

No permitamos que la duda e incredulidad nos invadan mientras confiamos en que Jesús dará salvación y liberación. Nunca temamos que el Señor ponga mal sobre ellos para salvarlos. Nuestras oraciones de misericordia, perdón y protección les guardarán seguros hasta que respondan al Espíritu Santo. **"Ninguno puede venir a mí, si el Padre que me envió no le trajere; y yo le resucitaré en el día postrero" (Juan 6:44)**. Otro paso muy importante es atar el poder de Satanás lejos de nuestros seres queridos. Ordenemos al diablo que suelte el corazón, la mente, las emociones y la voluntad de nuestros seres queridos. Ejercitemos nuestra autoridad espiritual sobre el enemigo en favor de sus almas.

Después es necesario permanecer firme y confiar en que Dios obrará a través de todas las circunstancias, hasta que vengan a Él. Nuestra fe no fallará mientras miremos al Señor por la respuesta. Si después de reclamarlos pareciera que se alejan más de Dios, apartemos nuestros ojos de ellos poniéndolos firmemente en el Dios del Pacto, creyendo y alabémosle por la salvación de nuestros seres queridos.

Este es un ejemplo de una oración para dar una idea de cómo orar por los familiares que están perdidos.

"Padre, vengo creyendo que Tu Palabra es verdad. Reclamo cada miembro de mi familia para el reino de Dios. Te ruego, Señor, que perdones sus pecados y seas misericordioso con ellos. Pon Tu mano sobre cada uno y protégelos del enemigo hasta que se vuelvan a Ti. Padre, que tu Espíritu Santo los despierte y los atraiga, poniendo en ellos un espíritu de convicción de pecado. Envíales gente correcta que les dé testimonio de Ti. Manda Tu Palabra para que puedan oír sobre Tu amor y Tu gracia. Ahora, Señor, hablo a Satanás y le ordeno que suelte el corazón, la mente, la voluntad y las emociones de ellos. Declaro que el enemigo está derrotado en sus vidas, reclamando el alma de cada uno para Ti, Señor. Confío, Dios, en que tratarás a cada uno con misericordia y creo que obrarás pronto en sus vidas. Por fe declaro ahora que están en la familia de Dios. Amén".

Confiemos que la bondad de Dios les guiará al arrepentimiento. Jamás creamos en las mentiras de Satanes que podrían sufrir una tragedia para llegar a creer. A Satanás le encantaría destruirlos para que nunca sean salvos. Pero es la obra del Espíritu Santo y la bondad de Dios lo que salva a la gente, no las desgracias. **"¿O menosprecias las** riquezas de su benignidad, paciencia y longanimidad, ignorando que su benignidad te guía al arrepentimiento?" (Romanos 2:4).

Derrotando a Satanás a través de la sangre

Podemos vencer a Satanás en nuestra vida y en la de nuestros seres queridos reclamando la obra expiatoria de Cristo y Su sangre derramada por nosotros. **Apocalipsis 12:11** declara, **"Y ellos le han vencido por medio de la sangre del Cordero y de la palabra del testimonio de ellos, y menospreciaron sus vidas hasta la muerte"**. Nuestra fe en lo que la sangre de Jesús hace por nosotros nos dará la victoria. Jamás debemos caminar en condenación, sino en la justicia de Cristo. Cuando somos "nacidos de nuevo" tenemos la justicia de Cristo, de modo que, **"Ahora, pues, ninguna condenación hay para los que están en Cristo Jesús, los que no andan conforme a la carne, sino conforme al Espíritu" (Romanos 8:1)**. Podemos venir confiadamente ante el Señor, lavados en la sangre de Jesús. No sólo mantener una dulce comunión con Él, sino además acceder al poder y la autoridad de Cristo. Podemos ahora hablar la Palabra, y ella sucederá porque la pedimos en el nombre de Jesús. El verso de **Apocalipsis 12:11** dice, **"Y ellos le han vencido (al diablo) por medio...de la palabra del testimonio de ellos"**. Esto no significa el testimonio individual de lo que el Señor ha hecho por nosotros; es nuestro testimonio de la Palabra de Dios. Al hablar las palabras del Antiguo y del Nuevo Testamento, vencemos al diablo. La Palabra de Dios prevalecerá en toda situación. Permitamos que Su Palabra more en nosotros para poder hablarla y vencer. **"Si permanecéis en mí, y mis palabras permanecen en vosotros, pedid todo lo que queréis, y os será hecho" (Juan 15:7)**.

La última parte del versículo de **Apocalipsis 12:11** dice, **"...y menospreciaron sus vidas hasta la muerte"**. La fe en la sangre de Jesús, el Cordero, y el hablar la Palabra de Dios no es suficiente para lograr la victoria sobre Satanás. También debemos rendir la vida al punto de estar dispuesto a morir por la causa de Cristo. Entonces, en algún lugar del camino fallaremos, sin importar cuan firmes seamos en la fe o en la Palabra. Se necesita una entrega total para vencer; una entrega a medias nos hará fracasar. Debemos estar dispuestos a ir hacia cualquier parte, hacer cualquier cosa, abandonar todo por la causa de Cristo. Algunos de nosotros nunca hemos sido vencedores ni en los más simples aspectos de la vida, pero aun así reclamamos grandes cosas de

Dios. El camino a la victoria es el de la diaria crucifixión de la carne y la obediencia al Señor en las pequeñas cosas, luego seremos capaces de vencer en planos más grandes.

Podemos pensar que tenemos un compromiso total y que crucificamos nuestra carne, pero un buen análisis para ver si hemos "morir al yo" diría lo siguiente:

"Morir a sí mismo"

Cuando a propósito eres dejado de lado, eres rechazado, olvidado y herido con el insulto expresado al descuido, pero tu espíritu canta porque se te cuenta como merecedor de sufrir por Cristo, eso es "morir al yo".

Cuando no se toma en cuenta tu consejo, se ridiculizan tus opiniones y se dice toda clase de mal sobre ti, y te resistes a dejar que la ira brote de tu corazón, o ni siquiera te defiendes, pero lo aceptas con paciencia en amoroso silencio, eso es "morir al yo".

Cuando no permites que el desorden, la irregularidad o la arrogancia atenten contra tu paz, cuando te encuentras cara a cara con la impiedad, la corrupción, la estupidez o el orgullo espiritual, soportándolo como lo soportó Jesús, eso es "morir al yo".

Cuando te sientes contento con el lugar donde vives, el clima, la sociedad, o aun la soledad en el otro extremo del desierto, y estás dispuesto a que tus planes cambien o se interrumpan por voluntad divina, en cualquier momento, eso es "morir al yo".

Cuando no te interesa que los demás sepan de tus buenas obras y jamás hablas de ti en una conversación, cuando no te importa que alguien te elogie y amas realmente estar en el anonimato, eso es "morir al yo".

Cuando puedes ver que tu hermano prospera y son satisfechas sus necesidades, regocijándote honestamente con él en el espíritu, sin envidias, sin cuestionar a Dios por qué él sí y tus necesidades no han sido satisfechas, eso es "morir al yo".

Cuando eres corregido o te reprueban, y no sientes rebeldía ni resentimiento en el corazón eso es "morir al yo".

¿Has muerto al yo? En esta hora, el Espíritu Santo nos conduce a la cruz. **"Así también vosotros consideraos muertos al pecado, pero vivos para Dios en Cristo Jesús, Señor nuestro" (Romanos 6:11).**

Morir a la carne significa elegir, significa morir a nuestras maneras y vivir para los del Señor. El poder de la voluntad puede hacer del hombre un vencedor o enviarlo al mismo infierno. Si adecuamos nuestra voluntad a la voluntad de Dios, podremos vencer. Se nos prometen muchas bendiciones si seguimos al Señor y la otra cara de la moneda son las maldiciones que alcanzan a quien sigue los propios caminos. Debemos elegir.

Isaías 1:19 y 20 nos dice que, **"Si quisiereis y oyereis, comeréis el bien de la tierra; si no quisiereis y fuereis rebeldes, seréis consumidos a espada, porque la boca de Jehová lo ha dicho"**. Dios quiere sanarnos, bendecirnos, hacer de nosotros hombres y mujeres íntegros. La elección depende de nosotros. **"Si se humillare mi pueblo, sobre el cual mi nombre es invocado, y oraren, y buscaren mi rostro, y se convirtieren de sus malos caminos; entonces yo oiré desde los cielos, y perdonaré sus pecados, y sanaré su tierra"** (2 Crónicas 7:14).

Dios siempre busca una mente dispuesta y un corazón perfecto. Quiere usar a aquellos que reúnen estas condiciones, así como lo hizo con los grandes hombres y mujeres de la Biblia. Debemos elegir y obedecer, como hizo Salomón al construir el templo.

"Y tú, Salomón, hijo mío, reconoce al Dios de tu padre, y sírvele con corazón perfecto y con ánimo voluntario; porque Jehová escudriña los corazones de todos, y entiende todo intento de los pensamientos. Si tú le buscares, lo hallarás; mas si lo dejares, él te desechará para siempre. Mira, pues, ahora, que Jehová te ha elegido para que edifiques casa para el santuario; esfuérzate, y hazla" (1 Crónicas 28:9 y 10).

La sanidad del espíritu, el alma y el cuerpo siempre comienza con una elección, la elección de seguir a Jesús y las subsiguientes de continuar caminando con Él. Para recibir completa sanidad, debemos hacer un compromiso total, tal como el Señor lo expresó al enunciar el más grande mandamiento.

"Jesús le dijo: Amarás al Señor tu Dios con todo tu corazón, y con toda tu alma, y con toda tu mente. Este es el primero y grande mandamiento. Y el segundo es semejante: Amarás a tu prójimo como a ti mismo. De estos dos mandamientos depende toda la ley y los profetas" (Mateo 22:37-40).

Apéndice
"Espíritu, Alma y Cuerpo"
(Tablas de consulta)

ESPÍRITU
Palabra griego – Pneuma

Hombre interior u oculto, el corazón

Espíritu Santo: voz del hombre regenerado o "nacido de nuevo"

Conciencia: voz del hombre no regenerado

Somos uno o el otro:
(1) Espíritu de Vida (Cristo), "nacido de Nuevo"
(2) espíritu de muerte (Satanás), perdido en el pecado

Fruto Del Espíritu Santo: (Gálatas 5:22-23)

	Fruto De Satanás:
Amor	Odio
Gozo	Pena
Paz	Contienda
Templanza	Impaciencia
Mansedumbre	Aspereza
Bondad	Maldad
Fe	Incredulidad
Humildad	Orgullo
Benignidad	Exceso

Otro Fruto:

Perdón	Falta de perdón
Confianza	Temor
Generosidad	Avaricia
Entusiasmo	Depresión

ALMA
Palabra griega – Psuché

Hombre exterior

Razón: voz del alma

Alma compuesta por:
Voluntad – Elección
(1) camino de Dios (Ley del Espíritu de Vida en Cristo)
(2) camino del yo (ley del pecado y muerte)
Mente – Intelecto
(1) Renovada – Espiritual
(2) Carnal – Carne
Emociones - Personalidad

CUERPO
Palabra griego – Soma

Hombre físico

Sentimiento: voz de cuerpo

Cuerpo es un receptor:
(1) Templo de Dios
(2) Templo de Satanás

Sentidos – oído, vista, tacto, gusto y olfato

MANIFESTACIONES FÍSICAS

El Espíritu de Vida causa:	El Espíritu de Muerte causa:
Salud	Enfermedad
Limpieza	Suciedad
Orden	Desorden
Modestia	Inmodestia
Prosperidad	Pobreza
Confesión de la Palabra de Dios	Confesión negativa
Verdad	Error/Decepción
Sumisión	Rebeldía
Amabilidad	Rudeza
Sexo conyugal	Perversión sexual
Fortaleza	Timidez
Fe	Condenación
Valor santo	Timidez
Peso normal	Sobrepeso/Delgadez extrema

Referencias Escritúrales:
1 Tesalonicenses 5:23 **"espíritu, alma y cuerpo"**
1 Juan 2:15-17 **"no améis al mundo"**
Romanos 7:18-25 **"liberación del yo"**
Gálatas 3:13-14 **"redimidos de la maldición"**
Gálatas 5:16-25 **"andad en el Espíritu"**
2 Corintios 5:15-17 **"nuevas criaturas en Cristo"**
Efesios 2:1-6 **"el espíritu que opera en los hijos de desobediencia"**
Romanos 8:7-17 **"mente carnal versus mente de Cristo"**
Romanos 8:13 **"haced morir las obras de la carne"**
Santiago 4:7-8 **"resistid a la maldad"**
Gálatas 4:13-14 **"enfermedad, tentación"**
Santiago 1:12-17 **"tentación"**
Colosenses 3:5 **"haced morir lo terrenal"**
Gálatas 6:8 **"sembrando para la carne"**

Nota Posterior

Los Miller están muy contentos de recibir correo de sus lectores; sin embargo, no les es posible responder a todas las cartas personalmente dado el volumen de correo que reciben. Ellos estarán encantados de orar junto con los intercesores de todos los que les escriben con una petición de oración, aunque no dan asesoramiento ya que ellos creen que esto debe ser dirigido a los pastores locales como se describe en las Escrituras.

Christ Unlimited Ministries, Inc. es una corporación 501(c) (3) de iglesia sin fines de lucro. Todas las contribuciones son deducibles de impuestos. Agradecemos sus oraciones, estímulos y apoyo. La compra de este libro nos hace posible el poder compartir copias gratis de la Biblia, literatura de enseñanza, materiales de video y audio con ministros en países del tercer mundo, quienes de otra manera no serían capaces de comprar el material.

"El Señor le dio la palabra: era grande la compañía de aquellos que lo publicó" (Salmo 68:11).

Para Estudio Adicional

Este libro fue tomado de un curso de estudio de la Biblia llamado **La Series Sobreponiéndose a la Vida**. Toda la serie es una "caja de herramientas espiritual" virtual, ya que cubre una multitud de temas que cada cristiano enfrenta en su caminar con Dios. También responde preguntas que muchos creyentes tienen concerniente al movimiento actual con Dios. Esto es tratado con un enfoque equilibrado y dentro de la luz de las Escrituras. El pueblo de Dios no debe vivir frustrado, derrotado en la vida, sino que han de ser ¡victoriosos vencedores! Para un estudio más profundo, cada uno de estos libros tiene un cuaderno de trabajo disponible en versión impresa. También se enumeran a continuación libros adicionales escritos por Betty Miller.

Títulos de libros en la
SERIE SOBREPONIÉNDOSE A LA VIDA:

EXAMINA TODO (La Serie Sobreponiéndose a la Vida – Libro 1) - Cristo advirtió que la gran decepción sería uno de los signos de los tiempos finales. Se ofrecen pautas claras Bíblicas para discernir entre el Espíritu de la verdad y el espíritu del error. El libro trata sobre cómo juzgar sin ser crítico. *(Disponible en Impresión, PDF y Kindle, ¡Un libro de trabajo correspondiente estará disponible pronto!)*

EL VERDADERO DIOS (La Serie Sobreponiéndose a la Vida – Libro 2) - Esta es una enseñanza sobre el carácter de Dios, explicando por qué Dios hace ciertas cosas, y por qué está en contra de su naturaleza el hacer otras cosas. Diferencia entre las cosas por las que Dios es responsable y las cosas por las que el diablo es responsable. Nuestra responsabilidad como cristianos destinados a superarnos nos hace claro para que podamos vivir vidas victoriosas. *(Disponible en Impresión, PDF y Kindle, ¡Un libro de trabajo correspondiente estará disponible pronto!)*

LA VOLUNTAD DE DIOS (La Serie Sobreponiéndose a la Vida – Libro 3) - Esta lección nos enseña no sólo cómo conocer la voluntad de Dios en nuestra vida personal, en la familia, en el ministerio y en las finanzas, pero también trae consigo la comprensión de por qué Dios permite el pecado, la enfermedad y el sufrimiento en el mundo. Como vencedores, nosotros los cristianos no deberíamos de estar sufriendo debido a muchas cosas que hemos aceptado como normales. *(Disponible en Impresión, PDF y Kindle, ¡Un libro de trabajo correspondiente estará disponible pronto!)*

LAS LLAVES DEL REINO (La Serie Sobreponiéndose a la Vida – Libro 4) - Las instrucción sobre cómo ganar autoridad en el Reino de Dios a través de la oración es el tema de este libro. Muchos de los principios y métodos de la oración están cubiertos en este libro, tales como la oración en el Espíritu, el ayuno y el rezo, oración de dolor, alabanza, intercesión y guerra espiritual. *(Disponible en Impresión, PDF y Kindle, ¡Un libro de trabajo correspondiente estará disponible pronto!)*

LA DESCRIPCIÓN Y ANDANZAS DE SATANÁS (La Serie Sobreponiéndose a la Vida – Libro 5) - Este libro es una poderosa exhibición de los trucos, tácticas y de las mentiras de Satanás. Los métodos de cultos y métodos ocultistas se enumeran para que así los cristianos puedan detectar sus actividades. Se discute la actividad del demonio, la liberación y la expulsión de demonios es tratado en detalle. Se pone al descubierto el reinado de Satanás y se le enseña al cristiano a superarse por medio del discernimiento espiritual la lucha. *(Disponible en Impresión, PDF y Kindle, ¡Un libro de trabajo correspondiente estará disponible pronto!)*

LA CURACIÓN DEL ESPÍRITU, ALMA Y CUERPO (La Serie Sobreponiéndose a la Vida – Libro 6) - Este libro enseña cómo combatir los problemas emocionales, tanto como los físicos, y como recibir las curación divina. También enseña como renovar la mente carnal y caminar dentro del espíritu de la vida, superando así la depresión, soledad y el temor. *(Disponible en Impresión, PDF y Kindle, ¡Un libro de trabajo correspondiente estará disponible pronto!)*

NI HOMBRE NI MUJER (La Serie Sobreponiéndose a la Vida – Libro 7) - ¿Cuál es el papel de la mujer dentro de la iglesia y el hogar? ¿Quién es la guía espiritual de la mujer, y quien le protege? ¿Llama Dios a la mujer al ministerio de los cinco oficios ministeriales? ¿Qué nos dice la palabra de Dios sobre el divorcio, celibato, y como escoger a una pareja para el matrimonio? Estos y otros tópicos relacionados a la mujer son bíblicamente examinados. *(Disponible en Impresión, PDF y Kindle, ¡Un libro de trabajo correspondiente estará disponible pronto!)*

¿EXTREMOS O EQUILIBRADO? (La Serie Sobreponiéndose a la Vida – Libro 8) - Muchos cristianos han dañado la causa de Cristo a través de enseñanzas y manifestaciones "fuera de balance". Este libro ensena como evitar esas áreas. También trata sabiamente sobre los excesos y extremos en el cuerpo de Cristo. *(Disponible en Impresión, PDF y Kindle, ¡Un libro de trabajo correspondiente estará disponible pronto!)*

LA SENDA HACIA LA VIDA VICTORIOSA (La Serie Sobreponiéndose a la Vida – Libro 9) - Este libro contiene respuestas a preguntas que enfrenta un vencedor al sentir la presión del gran llamado en Jesucristo. ¿Cómo podemos ser conformados a la imagen de Cristo? ¿Cómo funciona el Espíritu Santo con los vencedores al final de los tiempos? ¿Cuáles son las recompensas de los vencedores? *(Disponible en Impresión, PDF y Kindle, ¡Un libro de trabajo correspondiente estará disponible pronto!)*

Títulos de libros en la
LA SERIE DE LOS TIEMPOS FINALES:

GUERRA ESPIRITUAL PERSONAL (La Serie Los Tiempos Finales – Libro 1) - Explica el mundo invisible de las fuerzas espirituales que influyen en nuestras vidas y cómo el bien puede prevalecer sobre el mal a nuestro alrededor mientras nos preparamos para la nueva era del reino que ha de venir. Este libro le ayudará a superar los problemas en sus finanzas, el matrimonio, las presiones emocionales de temor, enojo y dolor. Estas son las claves de la victoria a través de la guerra espiritual. *(Disponible en impresión, PDF y Kindle)*

MARCA DE DIOS O MARCA DE LA BESTIA (La Serie Los Tiempos Finales – Libro 2) - Mucho se ha escrito y dicho acerca de la marca de la bestia, pero poco se ha dicho acerca de la marca de Dios. ¿Qué significa el 666 y que es esta misteriosa marca? ¿Cómo se vincula con el mundo de las finanzas? ¿Ha comenzado ya esta marca? Este libro responde a muchas preguntas acerca de la marca de la bestia y la marca de Dios, y cómo afectan a los cristianos. *(Disponible en Impresión, PDF y Kindle)*

MATERIAL DEVOCIONAL:
SABIDURÍA DE DIOS PARA LA VIDA DIARIA - La sabiduría de Dios para la vida diaria por Betty Miller es un devocional de 365 días basado completamente en el libro de Proverbios. Este libro único es algo más que un devocional diario; sino que también es una serie de mini-enseñanzas, que te ayuda a estudiar y meditar en la Palabra de Dios. Proverbios revela la Sabiduría de Dios, y nos ayuda a saber cómo hacer frente a los problemas cotidianos a los que todos nos enfrentamos. Este libro en particular nos da consejos piadosos en el área de las relaciones, el matrimonio, la educación de niños, manejo de dinero, problemas de salud, y decenas de otros temas y cosas oscuras que, por la curiosidad de la gente, han deseado saber. La Biblia es un regalo de Dios a la humanidad, y el regalo de Betty Miller de la enseñanza ayuda a los que tienen corazones que buscan obtener este conocimiento y aplicarlo a su vida diaria. El devocional tarda sólo 5 minutos al día para leer, pero la sustancia persistirá con usted todo el día. Vea el comentario de un lector abajo. *(Disponible en Impresión y Kindle, disponible pronto en Aplicación Móvil.)*

Muchos de estos libros se han redactado, pero ninguno se compara con el de Betty Miller. Esto realmente es un diario de referencia esencial y fuente de inspiración para cualquier persona que quiera estar más cerca de Dios. Ella tiene una increíble conexión con el Espíritu Santo ya que sus palabras parecen penetrar en el alma del lector. He estado leyendo este libro de manera intermitente durante años y siempre descubro algo nuevo que yo no había visto antes, no importa cuántas veces lo he leído. También es una excelente guía para enseñar y aconsejar a otros. ¡Muy recomendable! - C. A.

Si este libro te ha bendecido, nos encantaría seguir dándote ministerio a través de nuestra página web. Si usted busca artículos adicionales, materiales de estudio, respuestas de la Biblia, apoyo en oración, u otros materiales de recursos bíblicos visitarnos hoy.

www.BibleResources.org
Christ Unlimited Ministries, Inc.
P.O. Box 850
Dewey, AZ 86327
U.S.A.

Propósito y Visión

"Id, pues, y haced discípulos a todas las naciones, bautizándolos en el nombre del Padre, y del Hijo, y del Espíritu Santo, enseñándoles que guarden todas las cosas que os he mandado: y he aquí yo estoy con vosotros todos los días, hasta el fin del mundo. Amén"
(Mateo 28: 19-20).

El Cristo ilimitado no es "otra denominación", secta, o simplemente un grupo separado. Es un brazo del Cuerpo de Cristo-la Iglesia de Jesucristo, que ha sido llamado a fortalecer el Cuerpo en general. También creemos que hemos sido llamados para ayudar a establecer el Reino de Dios en la tierra.

El Cristo Ilimitado está involucrado con todos los cristianos creyentes en la Biblia, independientemente de su iglesia o afiliación o denominación y que están comprometidos a ayudar siempre que sea posible en evangelizaciones y en enseñanza de acercamiento.

El Cristo Ilimitado cree que el tiempo se está acabando y el evangelio no ha sido predicado a toda criatura. Muchas naciones no han escuchado el Evangelio, y en muchos lugares, las puertas para la evangelización se están cerrando. Creemos que es hora de que todos los cristianos cooperen con el Señor en la rotura de las paredes de la denominación en una línea de frente único contra el reino de la oscuridad y en el establecimiento del Reino del Señor Jesucristo por el poder del Espíritu Santo.

El Cristo Ilimitado ofrece herramientas para permitir a los santos de Dios a establecer el Reino de Dios en la tierra. Alentamos los grupos de guerreros de la oración que oren, ayunen, e intercedan por las naciones. Esto, creemos, es el arma número uno. Enseñamos a los creyentes la manera de superarse a través de la guerra espiritual y por medio de saber cómo utilizar su autoridad en Cristo Jesús por medio de la Palabra y el poder del Espíritu Santo.

Los cristianos necesitan saber cómo reducir las fuerzas de la oscuridad en sus propias vidas y en las vidas de aquellos a quienes ministran. Proporcionamos herramientas tales como Biblias, literatura, libros sobre Cristo Ilimitados y un ministerio de oración en línea. Publicamos el Evangelio a través de cualquier medio de comunicación, incluido Internet, vídeos, así como literatura. Tenemos seminarios de enseñanza, escuelas Bíblicas, y cursos por correspondencia, todo ello encaminado para ganar almas para Cristo y la construcción del Cuerpo de Cristo en la madurez.

Bud y Betty Miller sirven al Señor juntos como fundadores del ministerio de alcance multi-visionario de Cristo Ilimitado. Los alcances de este ministerio se han originado a partir de un gran deseo de que la Palabra de Dios sea enseñada en su totalidad equilibrada. Los Miller son firmes creyentes en la oración y, a través de la oración, han visto a muchos haber sido liberados de la esclavitud del temor, del fracaso y de la derrota.

Los alcances de Cristo Ilimitado están en obediencia a las palabras de nuestro Señor. **"Id por todo el mundo y predicad el evangelio a toda criatura" (Marcos 16:15)**. Este mandato del Señor representa un desafío para nuestra generación ya que como un estimado del 25 por ciento de la población mundial todavía no ha oído las Buenas Nuevas de Jesucristo.

El ministerio de Cristo Ilimitado también se dedica a la enseñanza de la Palabra de Dios. **Oseas 4: 6** nos dice, **"Mi pueblo fue destruido porque le faltó conocimiento"**. Muchos cristianos están llevando vidas derrotadas, simplemente porque no conocen la Palabra de Dios en toda su plenitud.

El Ministerio de Cristo Ilimitado ha provisto para aquellos que desean conocer la Palabra de Dios de una forma mayor. El principal objetivo de la enseñanza y la literatura se dirige a "Cómo poder ser un vencedor". En los últimos días, tenemos que estar preparados para superar los ataques de Satanás. Muchos cristianos están sufriendo innecesariamente, porque no saben cómo superar la enfermedad, la depresión, el divorcio, el temor y el fracaso financiero. El Ministerio de Cristo Ilimitado proporciona respuestas para las familias con problemas, así como capacitación a los trabajadores para el servicio.

Si te gustaría participar en traer libre de las enseñanzas de la Biblia a misioneros en todo el mundo, ganar almas para Cristo,
y construir el cuerpo de Cristo a la madurez, se convierten en un socio en este esfuerzo de hoy.

Convertirse en un socio en línea en BibleResources.org

o

Convertirse en un socio por contribuciones al correo:
Christ Unlimited Ministries
P.O. Box 850
Dewey, AZ 86327

CHRIST UNLIMITED MINISTRIES es una sin fines de lucro, exenta de
impuestos Iglesia, bajo sección 501(c)(3) del código tributario.
Todas las contribuciones son deducibles de impuestos.

www.ingramcontent.com/pod-product-compliance
Lightning Source LLC
Chambersburg PA
CBHW052119070526
44584CB00017B/2556